はじめに

工藤美代子

いったいどなたが、次の天皇に即位するのだろうか。正直なところ、今は全く分からない状態だ。

こんな大事なことを決めるのは、時の政権か、国民の世論か、皇族会議か、それとも宮内庁か、あるいは上皇か天皇が後継者を指名なさるのか、私どもには見当もつかないまま、令和5年の夏になってしまった。

つい最近までは、男系男子の悠仁さまが即位するものだと誰もが思い込んでいた。ところが、突然のようにさまざまな情報が錯綜し、愛子さまこそ天皇にふさわしい方だという説をマスコミがさかんに書き立てるようになった。週刊誌の何誌かは、愛子さまと悠仁さまの天皇としての資質をくっきりと比較させるような記事を、これでもかとばかり掲載している。

一例を挙げてみたい。ある女性週刊誌の表紙が、愛子さまは圧倒的文章の天才だと、大きな文字で派手な見出しを立てた。その同じ表紙には、秋篠宮家の紀子妃の実弟のビジネスパートナーが恐喝事件で逮捕と、これも大きな見出しが躍る。はっきりいって、両方ともスクープといえるほどのニュースとは思えない。だが、どうやら愛子さまは優秀で、秋篠宮家は問題を抱えているとの印象を植え付けたいらしい。このような対立構造の演出は、週刊誌やネット配信の記事などを使ってどんどん増え続けている。もちろん、どなたを賞賛し、どの宮家を批判しようと、事実に基づくのであれば自由である。それでも、ここ最近の報道は、あまりに過激に二者択一を迫っているように感じられる。

こうした社会の潮流は、秋篠宮家の長女の眞子さんの結婚と無関係ではなかっただろう。一般の人びとの賛同を得るのが難しく、眞子さんの結婚に反対するデモ行進まであったことは記憶に新しい。またお相手の小室圭氏や彼の母親に関する芳しくない評判を伝える記事が、大きなインパクトを持ったのも事実だ。眞子さんの結婚についての秋篠宮家からの説明が不足しているという不満も噴出した。このあたりから、はっきりと次期天皇は悠仁さまで良いのかという疑問が社会に浮上し始め、それと同時に愛子さまは非常に優秀で天皇にふさわしい器量を備えておられるという声が大きくなってきたような気がする。

誰かが、あるいはかなり多くの人たちが、愛子天皇を切望しているためかもしれないと私は思った。その反面、このままマスコミや一部の言論人に誘導されるような形で、女性天皇の擁立へと日本が舵を切って良いものなのだろうかという強い危機感も抱いた。

さらに最近は別の不安も胸をよぎる。悠仁さままでも、いざ天皇に即位なさることが明確になった場合に「私は辞退します」とおっしゃる可能性はないのだろうか。あくまで私見ではあるが、今の上皇が平成28年に突然のテレビメッセージで、生前退位のご意向を示したことにより、皇族はずいぶんと自由になったのではないだろうか。

天皇が崩御になり、次の代の長男、すなわち皇太子が後を継ぐ。それが、これまでの皇位継承手続きの常識だった。しかし、平成の天皇（現在の上皇）の希望は、自身が老齢になり、象徴としての務めを果たせなくなったので、天皇の位を皇太子に譲位したいというものだった。皇太子を摂政宮に立てるのではない。そうではなくて崩御の前に退位をしたいというご意思だった。国民はこぞって賛意をしめした。それが平成28年の8月のことである。

「長い間本当に有難うございました」「ご苦労様でした」「ゆっくりお休みください」といった上皇ご夫妻をねぎらう言葉が日本中に溢れ返った。私も今までの両陛下の慰問、慰霊の旅のお姿を思い浮かべると、ひたすら感謝の念でいっぱいになった。

そして、平成31年4月に令和の天皇の即位式が終わり、平成という時代は幕を閉じた。

一方で、その間に秋篠宮家の眞子さまの婚約と結婚を巡って、前代未聞とも言える騒動が巻き起こっていた。

年号は令和に変わり、新しい天皇、皇后の即位も滞りなく終わる前の年に、眞子さまの婚約は延期となった。婚約者である小室圭さんの母親の金銭トラブルが大きな原因だった。小室圭さんと眞子さまが結婚したのは、ようやく令和3年の10月になってからである。

2人に結婚の内定を裁可したのは平成の天皇であったが、この問題が拗れている間に時代は令和となっていたわけだ。正式に結婚するにあたっては、まだ執り行われていなかった納采の儀や朝見の儀などが控えていた。さらに民間で言うところの結婚披露宴もある。これらの行事では令和の天皇が新婚の夫妻から挨拶や感謝の言葉を受けるはずだった。

しかし、考えてみれば婚約内定を裁可したのは上皇なのだから、新たな天皇が、あらためて婚約内定を却下するわけにはいかないのだろうか、などと真剣に語る知人もいた。天皇が変わったのだから、「綸言汗(りんげんあせ)の如し」と非難はされないだろうという理屈だった。それほど眞子さまの小室氏との結婚は、国民にとっては異様に映った。

すでに周知のように、これらの儀式は全て執り行われず、眞子さまに支出されるはずだった結婚一時金も支払われなかった。巷間では、眞子さまが辞退したと伝えられている。

とにかく2人は結婚を強行した。

「私にとって圭さんはかけがえのない存在です。そして、私たちにとっての結婚は、自分たちの心を大切に守りながら生きていくために必要な選択でした」というのが結婚後に開かれた記者会見での眞子さんの言葉だった。

つまりは結婚できなかったら生きていけないと宣言している。穿った見方をすると、結婚が叶わなかったら死ぬつもりでしたと言っているようにも聞こえる。もちろん、家族内での会話としてはあり得るが、内親王だった人が社会に向けて表明するには、いささか奇異に聞こえた。

いやはや大変な時代になったと思ったのは私だけではなかったろう。皇族は自由になった。明治以降の皇室において、誰もが考えもしなかったことが次々と起きている。

退位についてのテレビ・スピーチで、残された家族の負担を思うと重い殯（もがり）の行事は止めたいと上皇はおっしゃった。しかし、天皇の葬儀というものは、それはそれで古くから続く様式があり、その様式に意義があると思い、価値があると考える人々によって、守られ継承されて来た。国民が長の年月を共有してきた文化が「家族」の負担を忌避するために中止したいとするのは如何なものだろう。そこから皇室の変容の兆候を私たちは感じ取らざるを得ないのではないか。

確かに現代社会においては個人の権利は守られるべきである。だが、天皇が望むときに退位が可能になるのなら、即位もまた自由に決められるようになるのかもしれない。殯の行事が家族の負担になると言うのなら、ほかの多くの行事も、やがて天皇の意向次第で廃止されるかもしれない。

現在の上皇ご夫妻が希望しているのは、愛子さまが天皇に即位することなのだと書く著名なノンフィクション作家もいる。そう言われてみれば、愛子さまはお賢い、女帝の風格がおあり、清純でお美しいといった言葉が世間を席巻している。そして、悠仁さまに関しては成績が振るわないとか、歩くときに背筋が伸びていないとか、まるであら捜しをするような記事が多い。作文に関する盗作疑惑も大きなダメージだった。

だが、大正天皇も昭和天皇も、若い頃は特に見目麗しく成績優秀だったわけではない。もちろん欠点もあったが、皇太子となり、天皇となって、少しずつ自覚が芽生え、経験を積み立派に天皇の責務を果たすようになった。つまり天皇は周辺の人びとに育てられ、自然災害、戦争、病気などの苦難を乗り越えて名君となるのではないか。

そこで、私が最近になって気づいたことは、皇室そのものに起きている地殻変動の危うさだ。まずは先の戦争に敗れて、マッカーサー率いる進駐軍が日本に上陸した。その結果、皇族のほとんどは臣籍降下して一般人となった。昭和天皇と、その兄弟である秩父、高松、三笠の三宮家だけが残った。

その子供たちが妃殿下として迎え入れたのは、特に高貴な家柄の令嬢たちではなかった。昭和33年に正田美智子さんが皇太子と結婚して世の注目を集めた。彼女は裕福な実業家の令嬢であり、語学も堪能だったが、元華族でも皇族でもなかった。それから次々と一般人のお妃が迎えられるようになった。

ようやく戦争が終わり、日本は復興に向かって突き進み始めた。そんなときに、実は皇室には全く新しい文化が注入されようとしていたと言える。

昭和天皇のお后は戦前に久邇宮家からお輿入れしている。育ったのは東京だが、実家が建て直される前は京都風の和風建築で学校も皇族や華族の娘たちが通う学習院だった。侍女たちも含めて、明治維新前の京都がそのまま保存されているような環境だった。

今の時代に、結婚相手の家柄を問うのはほとんどタブー視されている。それは差別につながるから当然である。しかし、かつては皇族の配偶者選びは当り前のように家柄を重視した。同じ皇族か、あるいは華族かといった点から候補者が選ばれた。

だが、私は最近の眞子さんの結婚騒動などを見てはたと思い当たった。もはやこだわるべきは相手の家柄ではないということだ。系図になって一目瞭然の家柄や家格よりも、その家に伝わる家風が実は結婚にあたって最も検討されるべき事案ではないだろうか。

これも一般の家庭ならば、また違った観点もあろう。しかし、皇族ともなると、嫁に行くにせよ、婿になるにせよ、家風があまりにも違えば皇室に備わる品格にも影響を与えるだろう。なにより子供を育てる際の方針が定まらない。どんな母親も自分の育った家庭の子育ての方法を踏襲するものだ。それが外国からの強い影響をうけた育児であった場合は当然ながら皇室の伝統的な教育方針とは相容れない。

そこで、皇室の文化について今一度思いを巡らせてみると、もともとは京都にいらした天皇が明治維新とともに、東京へとご動座された。大変な人数だったろうし、東と西の文明の衝突が起きたのも想像に難くない。

もうずいぶん前のことだ。三笠宮家の百合子妃殿下から宮中の言葉使いなどを教えて頂いたことがあった。宮中には独特の話し方があり「有難うございます」とは言わない。「有難う」と言って語尾を少し柔らかく伸ばすそうだ。これが慣れない人には難しいらしい。東京育ちの私は何回真似をしてもうまく発音できなかった。

そのときに崇仁殿下が「つまりはね、昔の京都の言葉が宮中にのこっているのですよ。明治天皇といっしょに女官や侍従なども京都から移ってきたわけだから」とおっしゃった。

なるほど、そういうことかと合点がいった。

私は皇室というと、つい明治維新以降の近代皇室についてしか思いが及ばない。だが、あの方たちはそれまでは、ずっと京都におられたのだ。そこで独自の文化を形成し、日本の幕藩体制の下で権威を維持し続けた。

しかも、戦前の皇室は今よりもっと深く京都と緊密な関係を保っていた。つまり同じような家風で育った娘や息子が見合いで結婚をした。

たとえば、東京で生まれた九条家の三女が、嘉仁皇太子（後の大正天皇）の妃となった節子姫（後の貞明皇后）である。

節子姫の姉にあたる籌子姫は2歳年長だった。そして実は彼女もまた嘉仁皇太子の妃候補だったのである。ところが途中で皇太子妃は伏見宮家の禎子姫に内定してしまった。そのため九条家では早々と10歳にもならない籌子姫の嫁ぎ先を決めた。それは京都の西本願寺である。法主の大谷光瑞の裏方（本願寺法主の夫人の呼称）になるべく修業をするため京都へ送られた。

当時の西本願寺は大変な経済力があり「国君の富」に匹敵すると言われていた。その上、大谷光瑞は西洋人に劣らぬ長身で美男だった。

けして悪い縁組ではなかったろう。10歳ですでに大谷家の家風を籌子姫は学んだ。

ところが、その後に運命の歯車が動いた。伏見宮家の禎子姫と嘉仁皇太子との縁談が中止になったのである。禎子姫の健康状態が問題となったからだ。そこで籌子姫の2歳年下の妹に白羽の矢が立った。

興味深いのは、かなりの確率で皇太子妃となる予定だった籌子姫も禎子姫も、嫁ぎ先で、ついに子宝に恵まれなかったことだ。ところが、まさにダークホースと思われていた節子姫は、後の昭和天皇をはじめ４人の男児の母宮となっている。

結婚したときの節子姫は15歳だった。まだ若いのだから、何も知らなくて当然だったが、宮中に古くからいる女官たちに厳しく礼儀作法を仕込まれ、涙を流したことも再三あったと本人が後に語っている。挨拶の仕方から贈答品の気配りまで身につけることは山ほどあった。それこそが、京都で連綿と続いていた皇室独自の習慣だったろう。

そこには妃殿下の人格とか入内するまでのキャリアとかに言及するような余地は、当然ながらなかった。

眞子さんの結婚問題が騒がれたとき、妹の佳子さまが「姉の一個人としての希望が叶うかたちになってほしい」といった趣旨の発言をした。これもまた、いかにも今の皇室を思わせる表現である。つまり、皇室は恐ろしい勢いで変容を遂げているのだ。

近年は、日本の経済が下降傾向にあり、円安、コロナ禍、ロシアとウクライナの戦争、凶悪犯罪の増加に大地震の予兆など、不吉なことばかりが続いている。いったい日本の国力はどこまで低下するのか。それに伴い国柄も堕落するのか。政府が新札を発行するというニュースが流れただけで、戦後の新円切替を想起して、手持ちの預貯金は紙くずになるのだろうかという不安に襲われる人々もいるくらいだ。

そんなマイナス要因ばかりが埋まったような日本の地表では、皇室に掛かる経費もまた、人々をとても神経質にさせている。

天皇皇后の住まいにかかる経費や、秋篠宮夫妻の住居のリフォーム費用についても繰り返しマスコミがその巨額さを報じているのが目につく。それぞれの皇族に対する個人的な批判もまた驚くほど多い。

やがて、天皇の即位を巡ってもさまざまな憶測が今より激しく論じられるだろう。それらを勘案すると、皇室の地盤をもうこれ以上揺るがせない方法を考える必要があるのではないだろうか。そこで私が本書で問題提起したいのは、天皇皇后に京都へご動座頂いたらいかがだろうかという案である。京都には立派な京都御所がある。そして、外国の賓客をもてなすのは両陛下が最も意欲的に取り組んでおられるご公務だ。そんな天皇ご夫妻から京都に招待されれば、さぞや海外の王族方や著名な政治家たちも喜ぶだろう。

さらに将来的なことを考えると、皇族の人数も確実に減少してゆく。今でさえ、皇居はあまりに広くて贅沢ではないかという声を聞く。なれば、皇族の皆様は全員京都に移られて、日本の昔からの文化を尊び、その継承に努めて頂くわけにはいかないだろうか。

しかし、実は私は京都の内情をあまりよく知っているわけではない。そこでこの度、国際日本文化研究センターの井上章一所長にお出ましを願って、京都の本質についてのお談話を伺った次第である。

井上先生の名著である『京都ぎらい』には天皇皇后が京都に来ることもあるが、そのために市中の警衛が大変厳しくなるので迷惑だと述べられている。確かに東京でも皇族の方々の移動によって道路が混雑することがある。イギリスの王室などは、警護の費用を誰が払うのかが大きな問題になっている。

それは当然だろう。イギリスのヘンリー王子は自由がほしいと言ってメーガン妃と共にアメリカへ渡った。そこで莫大な警護費用をアメリカもイギリスも払ってくれないことを知った。彼らが自由と引き換えに得たのは自分を守ってくれる人がいない空間だった。そのためもあってか、彼らは経済活動に余念がない。

日本の皇族方もまた、自分の個人としての自由は守りたい。できれば家族の負担も少なくしたいということならば、国民の負担にも思いを致して頂き、あんな広大な皇居のある土地や建物は不要ではないだろうか。

なにより、皇族の皆様のご動座は、日本人の皇室に対する印象を大きく変えるだろう。

昭和30年代半ばから始まったことだが、美智子妃殿下のお召し物が常に国民の興味の対象となってきた。カラー写真で美しい妃殿下の写真が雑誌に載らないと売れ行きにも響くと言われた。確かに、斬新なデザイナーズファッションに身を包んだ美智子妃の美しさは目を見張るものがあり、日本人の心を昂揚させた。なにしろ一般庶民は既製服を買うどころか、自分で洋服を縫っていた時代だ。婦人雑誌には洋服の型紙が付録でついていた。美智子妃というスーパースターの登場で、皇族の妃殿下方はどんなお召し物を着ているかを服飾評論家が懇切に誌上で解説をするのが普通になった。だが、皇族は芸能人とは違う。常にパパラッチに追いかけられる存在ではない。しかし、麗しき美智子妃の写真は賞賛の的となり、マスコミは妃殿下の姿をカメラで追い続けた。それが日本の高度経済成長期の幕開けだったのである。

それから65年以上の月日が流れて、今の天皇家や秋篠宮家の姿は、長い年月、皇室を支えて来た一般の日本人が考えていた皇族像と同じであろうか。

皆様で京都にご動座されて、静謐な環境の中、皇族のあらまほしきお姿を今一度お考え頂けたらと思う。そもそも皇室とはどのような存在なのか。そして、どれほど社会が変容しても、皇室は唯一無二の存在である。1足す1が、必ずしも2にならないのが皇室である。合理主義で割り切ることが最も難しいのが皇室だと思う。そしてその不合理こそが美しいことがある。まして成果主義にばかり視線を取られるのは論外だ。国民のために祈りを捧げ、さまざまな祭祀を司ってくださるのが、最重要のお務めである。それ以外の政治、外交、福祉、文化、スポーツの振興なども、もちろん大切だが、それはほかにも担える人材はいる。また、天皇は日本の象徴と位置付けられてきたが、これだけ急速に変転をとげている国家の象徴であり続けることなど、果たしてこの先、可能だろうか。10年前の常識すらもう通らないほど、刻一刻と日本人の知識も感性も変化している。生身の人間が国家の象徴であり得るかどうかが私には疑問だ。

先のことは誰にも分からない。だが、私は悠仁さまが天皇に即位するのが順当だと考えている。

天皇ご夫妻が京都という古都に住まわれて、深淵なる歴史の流れに身を浸し、生活の規模を縮小し、国民のために祈る姿を見せてくださったら、私は限りなく嬉しいと思う。象徴という曖昧な言葉では表現仕切れない国家の現実がある。たとえ算数の足し算のように合理的な答えが出なくても、天皇が祈ってくださることは、やがて国家の危機の打開につながると思える。

しかし、これはあくまで私見であり、誰かに押し付ける理論ではない。思想信条の自由は大切である。だからこそ、私は長い歴史の中で皇族方が日本の大地に楔のように打ち込んできた時間の断片を拾い集めておきたいと思う。

知識不足の私に、京都という複雑な都市とそこに住む人々の内情を、きわめて分かりやすくお話しくださった井上章一先生に心より感謝申し上げる。

お帰りやす、天皇陛下。◎目次

2章　皇室の「京都へのお戻り」は可能か

3章　日本の文化はどこまで守るべきか

4章 じつはいい加減な日本人と日本の伝統

5章 京都の「いけず口」の正体

6章　天皇の力の源だった「美人力」とは

7章　江戸時代の皇室は庶民に根づいていた

8章 「英明なる明治天皇」は天皇のあるべき姿か

9章　皇室は日本人の精神の反映

1章　天皇の譲位が皇室典範を変えた

祇園の町衆は御所を「京都」と思っていない

工藤　私はこの10年間くらい、皇室関係の資料を調べることが多いんです。もちろん研究なんて言えるようなものじゃなく、ただ自分の興味に任せてなんですけども、その中で最近強く感じるのが、皇室がものすごく変わってしまったということです。天皇陛下が「生前退位をなさりたい」という意味のメッセージを流したりした、あの頃からです。

井上　そうですよね。あれは皇室典範を、いわば曲げてしまった。

工藤　曲げてしまって、しかも政府のほうは全然知らなくて、いきなりテレビでおっしゃって、ということでしたよね。

井上　そうですよね。

工藤　それから、小室圭さんという人物が現れて、突然、秋篠宮の眞子さまが「結婚する」と。それに関するさまざまな噂も流れました。とにかくいろんなことが起きていって、そのたびに私が思い出したのが井上先生のお顔で（笑）。京都にお住まいじゃないですか。

井上　私が住んでいるのは、実を言うと京都と言いきれない場所なんです。今、私たちは四条烏丸の近くにいますよね。ここは祇園祭の行われるエリアです。この辺り（あた）の人は、私が住んでるところを「京都」と認めません。「京都」だと言えば怒らはるんです。

工藤 えー？　どちらにお住まいなんですか。

井上 今、私は宇治に住んでるんです。「宇治？　京都と違うやん」。育ったのは嵯峨なんです。嵐山の北側です。「あ、井上さん、京都の人とちごうたんやね」

工藤 それほど厳密なものなんですか。

井上 今われわれが対談している、この一角以外を京都と考えない人はたくさんいます。

工藤 四条新町とか、その辺ですね。この辺りが京都の中心ってことなんですね。

井上 ええ。「洛中」と「洛外」の隔てというのは大きくて。特に江戸時代なんかだと、御所やその周辺で暮らしている公家は洛外での宿泊が許されなかったんです。洛外への遠出に際しては届けを出すんです、幕府の出先である京都所司代に。しかも許されるのは日帰りのみです。はっきり区分けをしていたと思います。

工藤 それぐらい京都に誇りを持っていて、特に皇室は長い歴史があったからですか。

井上 皇室のことは、あとで申し上げます。とにかく、この界隈、四条新町辺りは祇園祭の地域なんです。山鉾巡行の終着地です。祇園祭は町衆の祭りです。で、ここいら辺りの人に京都の範囲を「どこまでですか」と聞くことがあります。このご近所に杉本秀太郎さんというフランス文学者がいらっしゃったんですが、彼に聞いたら「御池通から五条通まで」。

工藤　ええっ？　そんなにちょっとの場所だけなんですか。

井上　要するに祇園祭の町衆が住んでる辺りだけが京都。別の町衆に、同じことを聞きました。そうすると「杉本さんは了見が狭い。二条通辺りにも祇園さんの氏子はいる」。だから、二条通のちょっと上(かみ)まで、丸太町通までは京都だとおっしゃるんです。一番広く捉える人の北限が丸太町。狭い人は御池まで。

ご存知ですよね。京都御所は丸太町通の北側にあるんです。つまり彼らは、京都御所なんか京都じゃないと言ってるんです。

工藤　それはいったいどうしてなんですか。その頑なな心が不思議ですね。もっとも東京でも、江戸っ子と名乗るには、少なくとも先祖3代まで遡って両親が江戸生まれじゃないとだめなんです。私なんて母は気の強い江戸っ子ですが、父が新潟ですから「お前は本物の江戸っ子じゃない」って母からいつも差別されていました。だけど京都御所を京都じゃないと言うのは、もっと凄まじいですね。

井上　その心は何でしょうね。よく言われるじゃないですか。京都人には言い習わしがある。「天皇は『ちょっと行く』言うて東京へ行かはった。いずれ帰ってくる。それが百数十年おくれてるだけや」と。そうとりつくろうのが京都の人だと一般には考えられるんだけれども、その一方で御所は京都じゃないとおっしゃる人たちもいる。

工藤　それは面白いですね。皇室に対する今現在の京都の方たちが持っている気持ちの反映なんですか。「皇室だからって特別に偉いと思っていないぞ」とか。あるいはその気持ちをひっくり返して「よくも簡単に京都を捨てることができたもんだ」という憾みとか。

井上　先の陛下が全国を回られたときに、やはり京都にも来はりました。その光景をテレビのニュースで見ましたが、「帰ってきて」「戻ってきて」という沿道からの掛け声をいくつか聞きました。

工藤　一般の方たちから？

井上　はい。だから、帰還を願う人はいるんだと思います。２つの異なる声を足して、どういうふうに読み解いたらいいかを私なりに考えてみました。応仁の乱が終わって戦国時代に入るとき、京都の真ん中は焼け野原になったんですよ。京都というひとまとまりはなくなり、下京と上京だけがあって、その間をかろうじて室町通がつないでいたんです。この２つは、別の街になったんやね。

その下京、今の下京区じゃなく応仁の乱でできた下京の人たちは、上京とちがう価値観を抱いていました。北側の上京は御所、朝廷に近い。でも、南側の下京は、やや離れている。江戸時代には同じく南側の二条城、つまり幕府よりだったかもしれません。たぶん、今でも上京で生まれ育った人のほうが、陛下に「帰ってきて」と言いやすいんやないかな。

自分の中に尊皇精神があった

工藤　なるほど、京都の方たちはずいぶんと複雑なんですね。東京人のほとんどは、しょせんは田舎から出て来た成り上がりです。明治維新以降に東京に来た高貴な家柄の人たちはいたとしてもです。東京は新しい街という思いがあって、街並みに特に歴史的な意味づけはしませんね。ところで先生は今65歳ぐらいですか？

井上　67になりました。この本が出るころは68ですね。

工藤　67歳で、今までずっと皇室の変転を見てこられたわけじゃないですか。皇室に対してどうですか。やっぱり好意的なお気持ちはおありですか。

井上　いや、特に尊皇家でもないんです。だけど、両陛下が東日本大震災のあとで被災地に行かれて、見舞われましたよね。見舞われて涙を流す善男善女の姿をテレビで見かけると、「ああ、ええことをしはったな」と思います。

ほかの政治家や芸能人が慰問に行っても、あのありがたみは勝ち取れないと思いますよ。だから、ああいうご一家がいてくださるのはいいことだなと思っています。ご一家自体には気の毒なところもあると思うけれど。

余談ですが、僕は30年近く前にロンドンでＭｒ．ビーンのテレビ番組を見たことがあります。Ｍｒ．ビーンが家のリフォームをするというコメディでした。彼が電動ノコで壁を切っていくんです、水平に。その壁ですが、裏側にエリザベス女王の写真がかかっていました。肖像写真です。ちょうど首筋あたりが電動ノコの動く、その延長上に設定されていました。ノコは、その首にせまっていくんですよ。僕はこの電動ノコが途中、ギリギリのところで止まると思ってたら、そのまま切り落としていった。女王の首を切断したんですよ。しかも、そこで爆笑の効果音が入るんです。確かＢＢＣ（英国放送協会）だったと思います。

そのときに私は「こんなのを映していいのか？」と思いました。思うと同時に「ああ、自分の中には尊皇精神があるんだな」と痛感しました。やんやという気分にはなれなかったです。

工藤　先生のご年代までは、非常に素直に上皇、上皇后さまを尊敬するというか、「よくおやりになってくださっている」というお気持ちが残っておられると思います。それは戦後にご苦労なさった昭和天皇への感謝というか、尊敬の気持ちと重なる気がします。尊皇精神と言うときに、どの天皇に対する気持ちかって聞かれると、先生の年代くらいまでは昭和天皇を思い描いている方が多いでしょう。その昭和天皇の崩御があって、そこから30年間、今の上皇のご努力があった。

井上　だけどお年を召されて大変やなとも思いました。万が一、被災地の人を慰めに出かけている旅の途中で何かにけつまずいて入院とかいう事態になったら、被災地の人も困らはるだろうしね。警備当局にも、ものすごく迷惑をかけるじゃないですか。だから「もうそろそろ、こういうことはやれない」と思われるのは自然なことだと思います。まあ、やらんでもええことかもしれませんが。

戦後の天皇は、政治的な能力を持たないことになってるじゃないですか。つまり皇室典範を変えることもできないわけです。国会にむかって「この規則を変えてほしい」とは言えない。そのときに平成の天皇がすがったのがテレビなんでしょうね。テレビが自分の希望をおしとおすための飛び道具になりました。あれは戦後の、いかにもテレビの時代らしい風景ですね。ユーチューブなどではなく、テレビが物を言いました。

美智子さまのプロデュース能力

工藤　全くそうですね。これは活字にしていいのかちょっと自信ないんですけども、皇室の関係者や皇族にお仕えした方から仄聞したところでは、美智子さまという方は非常に優れたプロデューサー感覚を持っていらっしゃると。皇族、特に天皇皇后両陛下が、いかに日本の国民によいイメージをデリバーするかを常に気にかけておられた。

たとえば被災地にいらしても、慰問しておられるご自身のお姿がきちんと国民に伝わる最善の方法をご存知なのだと。そして膝をついて被災者と同じ目線で話しかけるという、誰もが思い付かなかった方法を実践なさった。それが平成流とか平成の慰問スタイルとか言われるようになりました。

そうしたらこのあいだ、美智子さまはピアノを弾いてあげるのが大好きだけど、そのピアノを運び込むのが大変なんだという話を聞いたのです。狭いところもありますから。でも「どうしてもそのためにピアノを運んでください」と言われたら、嫌とは言えない。するとやれ警備だ、持ち上げてそこまで持ってくる費用だ、終わったら返す手間だとか、もう半端な手間暇やお金じゃないそうです。

だからお出ましいただいて、ご自身でピアノを弾いていただくのはありがたいんだけど、もう終わりにしていただきたいという声をけっこう聞きました。誤解のないように申し上げておくと、もちろん美智子さまは満腔の好意を持って人びとに接しておられるわけです。

でもそうしたことが、私もテレビで見てたときは分かんなかった。なんと完璧な天皇皇后両陛下かと思いましたね。特に「被災地で膝を折ってお話しするなんて素晴らしいじゃないですか」と言ったら、現場にいらしたことのある関係者の方が「しかし、あの場面を流すのに、我々は苦労しました」と苦笑いなさってました。完璧な角度とタイミングで、慈悲深い皇后のお姿が流れなければいけないわけですから。

井上　ああ、そうだろうな。

工藤　でもそれは彼女の類まれなプロデューサーとしての能力ですよね。天皇家をどう国民に見せるのか。戦後、昭和天皇が人間宣言しちゃって普通の人間になられた。負けた戦争でたくさんの戦死者も出したのですから、当時の日本人の昭和天皇に対するアンビバレンツな思いはあったでしょう。

でも焼け跡から立ち上がらなければならないときに、昭和天皇がいてくださって全国をご巡幸なさった。それが国民をどれだけ励ましたか分かりません。何とか日本が復興を遂げる力となった。

その昭和天皇が亡くなられて、やっぱりなかなか難しいところがありましたよね。多くの国民は喪失感に襲われて、じゃあこれから先をどうするのかと。でも、そこに美智子さまがおられたことで、皇室人気は延命したと思います。あれはやっぱり美智子さまのおかげじゃないかと。

井上　全くの憶測で物を言いますけど、しんどい旧家に嫁がはったわけじゃないですか。しきたりやら、ならわしやら、多分うんざりされることもあると思うんですよ。ひょっとしたら「ピアノでぐらい、わがままを言わせてくれ」という思いがあるのではないでしょうか。

工藤　そうですね。ただ美智子さまのすごいのは、ピアノだけではないんですね。俗によく言う「一芸に秀でている」ではなく、なんでも秀でておられる。ハープも演奏なさるし、絵も見事なら、和歌も歌人になってもお名前が残ると思うほど、優れた歌をお詠みになる。それはけっして万葉集のような、のびのびとした感じの歌ではありません。古今でもなくて新古今よりももっと技巧が凝らされている。メッセージを折り畳んで、ぎゅっと詰込められたような歌です。

だからお輿入れなさった頃の彼女は、私は逆だと思うんです。その根底にあったのは「私が改革する。全部変える」という強いお気持ちで、これを当時の皇太子は全面的にバックアップなさった。それは入江侍従長の日記とかにも、ちらりと出てきます。

井上　それは知らなかったですね。

工藤　頼まれて嫌々というか、嫌々乞われてっていうのが定説になってますが、それもプロデュースなさったわけでしょう。

「適応障害」とは何なのか

井上　じゃあ、テニスコートでは彼女のほうが射止めたということでしょうか。皇太子が見初めただけじゃあない。

工藤　そうだったのではないでしょうか。だってテニスって、こんな短いスカートですよ。

井上　もう昭和34年の段階では、テニスなら短いのが普通やったのではないでしょうか。

工藤　もちろん、わざと短くしたんじゃないんですよ。それは分かってますが、あの頃の皇太子のお育ちになった環境で見ると、やっぱりテニスコートのスカートは非常に新鮮で、魅力的だったと思うんです。しかも相手が皇太子と知っていても、一歩も引かない素早い身のこなし。ボールを打ち返すことに躊躇がなかったのが逆にとても感動的に映ったのでしょう。実際、自信に溢れたお嬢様だったと思います。

井上　言葉を換えれば、皇太子を射止めるのは意外と簡単だった。

工藤　そうですね。私もあれこれ調べたんですけど、当時の記録を見ると皇太子はギリギリまで、ほかの人ともお見合いしてるんです。ほかの候補者の令嬢ともテニスをやってるんです。だから反対の声もありました。

井上　民間人だと。

工藤　もう当時はみんな民間人なんです。初めの頃は元皇族とか元華族とかの家柄の令嬢との縁談が検討されました。でもほとんどの候補者はご自身のほうから辞退された。だから最後になると、もう家柄は問わなかったんです。それでも小泉信三さんや田島道治さんとかが全員賛成という令嬢は、なかなかいなかった。唯一美智子さまが、御自身の意志で結婚を承諾してくださった人だったわけです。

それで結果はよかったと思うんですけど、代わりに秩父宮妃のお母様の松平信子さまとか高松宮の妃殿下とか、みんなえらい目に遭ったわけです。美智子さまの反撃で。

井上　分かりました。美智子さんのプロデュース能力で皇室は延命できた。文字どおり、民間活力の導入ですね。

工藤　私はそう思ってるんです。ともかく75年の延命であったと。

井上　先ほどの御指摘でね、私、失礼な映像を思いついたんです。タイガー・ジェット・シンというプロレスラーをご存じですか。

工藤　知らないです（笑）。

井上　タイガー・ジェット・シンは悪役レスラーでした。リングへ上がる前に客席であばれ、しばしば客を殴るようなことから、リングインを始める。

工藤　客を殴るんですか！

井上　ええ、襲いかかっていましたね。興行主の新日本プロレスは被害を受けた客への補償で大変やったと思います。ですが、彼はそうやって悪役としての自分を作っていったわけです。

工藤　日本人ですか？

井上　インド系のカナダ人です。ただ、友達からはこんな話も聞きました。彼の見たタイガー・ジェット・シンは会場に姿を現して、周りを見わたし、テレビカメラがないのに気づいたあと、客を襲わなかったと。

工藤　（笑）。

井上　一緒にしたら失礼やけど。

工藤　でも常にマスコミを意識なさる点では似ていらっしゃいますね。これは皆さんご存知の話ですが、いつも美智子さまは週刊誌などにも細かく目を通して、自分がどのように報じられているかチェックしておられるそうです。

井上　比べれば鬱気味といわれる雅子さんはひ弱でいらっしゃるんでしょうか。

工藤　それは私に聞かないでください（笑）。私も鬱病ですから。雅子さまの場合、「適応障害」という言葉を使っていますが、初めて聞く言葉でしたよね。先生、聞いたことおありでしたか？　鬱病とか統合失調症といった言葉は聞きますけど。

井上　まあ「不登校」とかも、初めて聞いたときはありましたし（笑）。

工藤　そうですよね。あれ以来、芸能人が不倫を撮られたりして具合悪くなると、「適応障害で休みます」とかって使われるようになったんですけどね。だけど、いまだにそれが何であるか分かんないわけです。慶應大学の大野裕先生が主治医でついていますが、いまだに完治したんだか完治してないんだか、全然発表がないんです。

井上　仮に仮病だったとしたら絶対言わないほうがいいだろうし、深刻な病気でも言わないほうがいいのでしょうね。

工藤　なるほど、そうですね。私、先生の『狂気と王権』と言う本をここ何日かずっと読んでいて思ったことがあるんです。先生は皇室や皇族とかを狙う、たとえばロシアのニコライ二世などに歯向かった犯人は本当に狂気だったのかってことを書いておられますよね。私もちょうどニコライ二世を調べてたときだったので、すごく面白くて。

だけど今の問題は皇室とか皇族を狙う人が狂気なのかよりも、皇族の中にちょっと精神疾患を患っている方たちがいて、それに対してどう対処するか、という時代になったんだなと。雅子さまのみならず、眞子さまやほかの妃殿下も適応障害とおっしゃる方はおられます。

私は自分がもう15年くらい鬱病の薬を飲んでいますし、精神疾患もほかの病気と同じで、差別をするべきではないと思いますが。

「時間が経てば治る」が昔の考え方

井上　「適応障害」もそうですが、今はいろいろと心身の不具合を漢字の熟語でおどろおどろしく言い表しますよね。でも、症状自体はそんな言葉のない昔からあったかもしれません。京都は旧家が多いところなんですよ。「創業永禄何年」とか「創業寛永何年」とかいう老舗がたくさんあるんです。そういうところに嫁ぐ女の人についても漢字の病名こそつかないけれど、しんどそうな様子は噂で届くわけです。

だからやっぱり、由緒のあるおうちに嫁ぐのは大なり小なりしんどい。美智子さんは覚悟を持って臨んだかもしれへんけれども、やっぱり本当にしんどいというのはどうでしょう。

工藤　確かにそれはしんどいですよね。美智子さまがお嫁入りした頃は、まだ守旧派がたくさんいましたからね。なんで美智子さまがあんなに痩せてしまわれたかっていうと、真っ向から戦おうとしたからだって守旧派の皆さんは言うんです。古い歴史に立ち向かおうとしたからだと。

昭和天皇のお嫁さん、「香淳さん見てごらんなさい。こんな太ってたでしょう」と言うわけです（笑）。全然戦う気はなかった。もうそのままに流されて、敗戦のときも「ホホホ、ホホホ」と言ってるうちに長生きして亡くなったと。

美智子さんの場合は「改革するんだ！」っていう意識でご自分を絶対に曲げない。だから美智子さまいじめにしても、「いじめられて当たり前よ」って言うわけです。「あれだけすごかったら、そうなるわよね」というのだから、かなり激烈な戦いがあったと思いますね、内部では。

井上　お気の毒だけど、自ら選ばはった途なんですよね。

工藤　最後は勝ったわけですから、それが私は本当の強さだと思うんです。それに比べると今の若い世代は、やわというか弱いですね。たとえば「発達障害」ってあるじゃないですか。他者とうまくいかないとか。

井上　「ＡＤＨＤ（注意欠如・多動症）」とか「高機能自閉症」とか。私たちが若い頃はなかった病名じゃないですか。あの名称自体に、医者が自分のカルテで扱う対象を広げたくて、盛っている部分もあるんじゃないか。ＡＤＨＤなんて昔は「ちょっと落ち着きのない子」、あるいは「おっちょこちょい」ですよね。

工藤　適応障害も「ノイローゼ」で昔はみんな済ませた。「あの人、ノイローゼになっちゃって」とかって。

井上　京都大学の時計台に勤める事務の人から聞いたことがありますけれども「発達障害なんて、京大生の4割ぐらいはそうやで」と。

工藤　（笑）。ただ昔は「あいつちょっと変だ」とか「変わってる」とか言ってても、「まあ時間が経てば治るわよ」と。うちの母たちなんか、しょっちゅう「○○ちゃんは変な男だけど、嫁をもらったらまともになった」とか言ってました。ところが今は情報が多い時代なので、若い子でもけっこう自分で調べて「自分は何々じゃないか」っていうのを考えるようになっちゃった気がします。

井上　邪推なんですけど、お医者さんがカルテで扱う病気に対しては診療のたびに下りてくるじゃないですか、診療報酬が。そのために病気が増えていったという側面はないのかと。昔なら病院になんか連れてかなかったのを、今は大騒ぎで通院させるという変化はありますよね。

それに、この頃は子供の数がものすごく減っています。一人一人の値打ちは昔とは比べ物にならなくなってると思います（笑）。希少価値ができて、ていねいに扱われるんですね、今は。

工藤　本当ですね。「生きててくれて、ありがとう」みたいなところはありますよね。

人前でピアノが弾きたくなる心理

井上　先ほどピアノの話が出ましたが、ピアニストでも何人かいはるんですよ。自分が気に入っているピアノ以外では弾かない。だからヨーロッパから来る場合でも、アメリカから来る場合でも、自分のピアノを運んでくる。調律師も自分の専属さんを連れてくる。その分まで興行主に支払わせるピアニストはいらっしゃいます。

工藤　いらっしゃいますね。でも失礼な表現かもしれませんが、経済活動としてピアノを弾いている方は自分のピアノや調律師が一緒でもペイするわけですね。美智子さまのピアノの場合は、弾いておられるお姿をじかに見られるだけで、日本人は皆感動するのでしょう。

井上　私はね、そのことで美智子さんをからかえへんのです。41歳から私はピアノのトレーニングを始めました。独学ですが。

工藤　なんでですか。

井上　近所のピアノ教室も2つ3つ覗いたんですが、どこ行っても『バイエル』という教則本を薦める。あれがかったるくて。でも「これが基礎です」とおっしゃるんです。確かに、ゆくゆくステージでドビュッシーとかプロコフィエフを弾くような人には大事やと思うけれども、私にそんな基礎は要らんと。たとえばナイトクラブなんかに置いてあるピアノをちょろっと弾いて、ホステスさんがうっとりしてくれたらそれでいいわけですから。

工藤　(笑)。でもなんで先生、急にピアノと思われたんですか。

井上　話の本筋から離れるんだけど、40歳手前ぐらいのときです。お年を召した人ばかりが聞いてくださる講演会に講師として招いていただいたことがあったんです。話が終わって事務局のお兄ちゃんに「お年寄りばっかりで張り合いがなかったでしょう?」と言われました。

私はリップサービスのつもりで「いや、1人色っぽいおばあさんがいはったし、なかなかワクワクした」とどうでもええことをね、言ってしまったんです。そしたらそのお兄ちゃんが、「分かります。あのおばあちゃんをめぐって、おじいどもが壮絶な張り合いを」と(笑)。

そういう話からモテるおじいさん、モテへんおじいさんの話に移りました。彼の従事している老人大学に、1人ピアノを弾くおじいさんがいるんですね。おばあさんの家にピアノが置いてあったりする。おばあさんがホームパーティーをなさるとき、おじいさんがBGMピアニストになる。その評判がよくて「うちにもピアノがあるから来て」となって、そのおじいさんはおばあさんのホームパーティーで引っ張りだこという話を聞いて、「これだ」と（笑）。

工藤　ピアノというのは良い着想だと思いますが、結果はいかがでしたか？

井上　これが恐ろしいのはね、上達というほどではないんですが、少し指に覚えができてくると、やっぱり聞かせたくなるんですよね。

工藤　おうちにピアノはおありなんですか。

井上　ピアノはもらいましたね。家のリフォームをしている人から「もうこのピアノ要らんから、運賃さえ持ってくれたらあげてもいい」と言われて、それをもらいました。

工藤　それはラッキーでしたね。

井上　これで指に覚えができてくると、押し売りがはじまる。「君、今度結婚するの？　披露宴やるの？　よっしゃ、おっちゃんがピアノ弾いたる」（笑）。たとえば、若い研究者に対して、そういういやらしい権力者になるわけです。美智子さんの気分が分からなくはない。

工藤　そうか、そういう気分がきっとおありなんでしょうね。

2章　皇室の「京都へのお戻り」は可能か

「愛子さまか、悠仁さまか」という問題

工藤　本書では、井上先生に皇室についていろいろお伺いしていているわけですが、先生はもともと皇室に対するご興味はおありだったのですか。

井上　そんなに強いほうではないです。人文学、社会科学、政治学の研究者には天皇制の研究をしてる方がいらっしゃいますが、そういう人間ではないです。前に『狂気と王権』という本を書きました。これも、精神医学への関心から始まっているんですよ。皇室への興味から入ったわけではありません。

工藤　なるほど。でも今の皇室をご覧になって、危機感みたいなものは感じられませんか。このままどうなるんだろうって。

井上　まあ、なるようにしかならないと思いますね。ええとね、ヨーロッパの王家ならよその国から王を招くことが、よくあるじゃないですか。

工藤　ずっと混血してますからね、あの人たちは。

井上　かといって日本で、たとえば北朝鮮の金王朝から招くわけにいかないでしょう。グローバルな時代ですからそういう選択肢も、形式的にはありうるわけです。でも、北朝

鮮は論外ですが、それ以外の、たとえばタイやブータンなどからでも多分世論は納得しないと思う（笑）。

工藤　しないですね。祭祀のときはどうするかとか。実際いろんな儀式とかで、外国の方は困るかもしれません。

少し前ですが、週刊誌から電話がかかってくると、必ず「悠仁さまでいいと思いますか」と聞かれたんです。「いいんじゃないですか。今お元気にご成長なさっているんですから」とか言うと、「いや、でも、あれはちょっと何とかで……」と。

また別のとこからかかってくると「愛子さまがなったほうが絶対にいいと思うんですけど、どうでしょうかね」とかって。愛子さまか悠仁さまか、どっちかっていう二者択一を迫られているような感じなんですね。しかも大急ぎで。

井上　今の皇室典範なら秋篠宮家に行くんですよね。だけどこのあいだ平成の陛下が、皇室典範が変わってしまう筋道を見つけはったんですよね。

工藤　そうそう。でも安倍さんが、かろうじて特措法（天皇の退位等に関する皇室典範特例法）というのを作って逃げたわけですよね。

井上　そうですね。安倍政権は天皇の振舞を不愉快がってたんじゃないかな。

工藤　だからいわゆる左翼の陣営は大喜びだったわけです。「『安倍さんのもとで戦争を始めさせませんよ』という ご意志の表れだ」とか言ってました。

井上　それで喜ぶ人たちは、左翼じゃないような気がします（笑）。本気の左翼には、天皇制の廃止を言ってほしいところだけれど。

工藤　だけど実際問題、天皇はやめたいときにやめられるとなっちゃったら、悠仁さまが即位するのも「嫌だ」と言えばしないで済んじゃうし、何でもありの皇室になっちゃうわけですよね。

井上　まあ皇室典範に従えば、今は離れているけれど戦前は宮家だったようなおうちから探すんじゃないでしょうか。

工藤　という話に今度はなってきたんですけれど、残念ながら「これぞ」という人材はないんですよね。

井上　そうやねぇ。

工藤　伏見宮さまのところ、すごい格式高いですが「陛下が戻れと言えば、いつでも戻る所存であります」と言ったって、ご当主は91歳とかなんですよ。それで男の子いないんです。91歳の方が戻られても、しょうがないじゃないのとか（笑）。賀陽宮さまのところは男の子が2人いて、2人とも早稲田大学だからいいんじゃないかっていうけど、ご当人がどうお考えかは分からないです（笑）。

井上　声がかかっても、逃げる男の子が多いんじゃないかな。お嫁さんのなり手もなかなかいないでしょうしね。

工藤　なかなかいないでしょう。または「妃殿下になれるのが嬉しい」っていうんで売り込んでくる人はいるかもしれないですけどね（笑）。もっと乱暴な案として「元皇族のお宅の息子さんと愛子さまが結婚すれば、どこからも文句はないだろう」というのもあります。でもお互いにＯＫっておっしゃるか疑問だし、条件だけで結婚を整えてしまうのは、いくらなんでも乱暴だと思います。

皇太子は「モテない男」か

井上　私、今の令和の天皇に対して昔はわりと優しい気持ちを抱いたことがあったんです。それは彼がまだ独身の頃、女優のブルック・シールズが好きだと言うたはりましたよね。

工藤　そうそう、おっしゃってましたね。

井上　ああ、面食いでいらっしゃるんだなと。ただお妃(きさき)さんの候補として挙がったお嬢さんが、すぐにほかの人とご婚約をなさるという報道もあった。白馬に乗った王子様が迎えに来ても、その王子様が嫌がられるという光景に私は、国民の象徴としてではなくモテない男の象徴としてエールを送っていましたね（笑）。

工藤　昔、週刊誌の4コマ漫画で「究極の選択、どうしますか」というのがあったんです。崖っぷちまで力士の小錦が迫ってて、崖から落っこちると下で皇太子が待ってる。「どっちを選ぶ？」って（笑）。そんな漫画があったんですから、ひどい話です。

それから「百年の孤独」という名前のお酒があって、それを皇太子が毎晩お飲みになっていると、まことしやかに言われてました。

井上　ありがとうございます、今のお話で私の発言が持つ不敬の度合いはよほど弱められました（笑）。

工藤　いや、私が作ったんじゃないです（笑）。とはいえ正直言って、男の人としての魅力はそんなにないって、皆さんは見てましたね。

井上　そこで思ったんだけど、どうやら雅子さんには令和の方も、皇太子のときにやはり惚れ込まはった。

工藤　もちろん、そうでしょう。

井上　ですが、雅子さんが皇太子へ恋心を抱いていたようには思えませんでした。ふつうなら男の失恋です。でもプリンスは彼女と結ばれました。ほとんどのモテない男はフラれて、地獄のような思いを抱いたまま半年、1年過ごすのに、なぜ彼は権力に物を言わせて射止めることができたのか。もう、モテないわれわれの象徴なんかじゃない。

工藤　そうですね。あれは割合と簡単なことではないかと思います。将来天皇になる方を、どれだけ有難いと思うか。天皇を権力だとしたら、世の中の権力を評価するご家庭にとっては、得難いお婿さん候補です。

ただ天皇家に嫁ぐにあたって小和田家は、お家柄の問題があると言った人がいたと聞いてます。彼女のお父さんのお父さんまでは分かってるんです、校長先生をしてらした。その校長先生のお父さんは、税務署に勤める金吉という人なんです。そこは分かるけれど、この先がよく分からない。

江戸時代の小和田家は代々、村上藩で町同心や下目付けなどの仕事についていたんです。横目付けとか下目付けとか、貧乏な村上藩の中でも最下級の藩士だったんです。ところが維新後、小和田家の分家にいた道蔵匡利（ただとし）が亡くなると、その後が辿れない。突然、金吉と言う人が現れて小和田を名乗ったけれど、どこから来たのか分からない。匡利との関係も不明です。

今は整理なさったでしょうけど、ご婚約が決まったときは、お墓も小和田家は新潟に3つあると言われていました。

ただ「今の時代は家系や家柄ではない」ということで、部落解放同盟中央本部が『部落解放』という機関誌に抗議文を出したんです。宮内庁自らが公然と身元調査を指示しているのはおかしいと。確かに正論ですが、なんで部落解放同盟がそこまで抗議するのだろうと。妙な感じはしました。

井上　まあ、解放同盟にも立場があるんでしょう。ここはひとつ言っておかねば、と。

工藤　それで巷間言われているのは、皇太子との縁談を調整したのはお父さまだったのではないかと。昔の週刊誌は面白くて、何でも書いちゃうとこがあったんです。『テーミス』という週刊誌があって、今は月刊誌になって、もう30年以上続いています。

井上　はい、分かります。

工藤　この雑誌は、昔『フライデー』にいた編集長が始めたものです。そこで雅子さまの婚約の噂が流れたときに、小和田さんの近所の人の取材をしたという記事があって、近所のおばさんが「感じの悪いお父さんなのよね。道で会っても挨拶もしない。もし雅子さんが皇太子のところへお嫁に行くとしたら、お父さんが因果を含めて行かせることにしたからでしょう」と喋ってるんですね。だからやっぱりお父さまのお気持ちもあったんじゃないですか。

でも雅子さんも婚約発表のときに「殿下が私が嬉しいと思うようなこと、喜ぶようなことを言ってくださいましたから」とはっきり言ってます。やっぱり誠実であるところに、雅子さまは動かされたんでしょう。「誠実」って、ある意味ではモテない男の勲章じゃないですか（笑）。

井上 まあ殿下たちは若い頃に「モテる、モテない」という戦いで自分を磨くことはないですからね。

工藤 あ、面白い。なるほど、いい言葉ですね、先生。

井上 そうでしょうか。

工藤 ええ、素晴らしいです。モテるモテないの戦いで、自分を磨くことはない。すごい名言です。女性のケースにもあてはまりますね。

実は今の上皇さまがお若い頃に「僕はみんな断られて、誰も来てくれない。ダメだ」ってすごく落ち込んでらしたって聞いたことがあるんです。だけど確かにモテるモテないで戦うってことはなかったわけですから、当然ですね。グラウンドに立ってバットを振る必要がないから、空振り三振のご経験もないでしょう。

井上 ないと思いますね。それに「誰も来てくれない」とおっしゃりながら、けっこう綺麗な人が来たはる。モテないけれども美人を射止めるところに、私は権力を感じます。私の中に反天皇制気分があるとすれば、そこですね。

「京都へお戻り」の真意とは

工藤　さっき気がついたんですけど、「妃殿下」といっても戦後は元華族も含めて一般の人たちから来てるわけですが、美人ばかりじゃないですか。

井上　うーん、はい。

工藤　そうでもないですか（笑）。

井上　いや、戦後はそうですね。

工藤　そうそう、戦後は。でね、明治天皇には女のお子さんが、たくさんいらしたわけですよね。皆さん、いろんなとこに嫁がれてます。北白川さんとか伏見さんとか。でもお写真見ると、あまりお綺麗な人いないんですよね。

井上　はい、と言っていいのかな。

工藤　でも、やっぱりすごいところにお嫁に行ってるんですよね。先生の『美人論』に「卒業面」という言葉が出てきますよね。昔はきれいな娘はどんどん縁談が決まってしまうので、卒業まで女学校にいた娘たちは「卒業面」と呼ばれたって。

井上　ああ、そうでしたね。京都にもね、わりと皇室から来られた方はいらっしゃるんです。お花のお家元とか。あと、本願寺もあるかな。

工藤　そうですね。三笠宮さまのお嬢さんは、お茶の千家。

井上　ああ、裏千家に行かれたのかな。戦後、華族制度がなくなったんですけれども、京都にはお茶、お花、それから本願寺の大谷家といった格好で残ってるのがあると思いますね。

工藤　全くそうですね。

井上　面白いですよ。都道府県を代表するようなパーティーが開かれると、大体パーティー会場の一番いいところに県知事とか政令指定都市の市長とかが座るじゃないですか。京都のパーティーでは、裏千家の大宗匠が一番いい席。

工藤　えっ、今でもですか。

井上　そうですね。今は、ますますそうじゃないでしょうか。もう100歳だと思いますが、ますます特等席じゃないかな。知事より偉いんですよ。

工藤　昔は本願寺さんなんかも、すごく偉かったそうですね、お金持ちで。

井上　そうでしょうね。今、あまり僕の耳には、大谷家のことが届いてこないですけれども。お寺も門跡寺院とか尼門跡寺院だと、大体皇族の方が来られたんです。昭和天皇も大日本帝国がもう負けるというとき、確か近衛文麿が上皇として仁和寺へひきとらせようと画策、極端に言えば押し込めようとした。

工藤　ありましたね。私が今思っているのは、もう今の天皇皇后からは京都にお帰りになったほうがいいんじゃないかということです。ネット上で皇室関係の記事をチェックすると、必ず出てくるのが「俺たちの税金を使っていながら」とか「税金の無駄遣いやめてくれ」とか。

また週刊誌が面白がって、それを書くわけですよね。「35億かけて新宮廷完成」とか「何十億改装にかかった」とか。それはかかりますよね、大きなうちで古いうちだったら。すると必ず「税金を返せ」とか、もうすごい書き込みが何百とあるわけです。

向こうにしてみれば「じゃあ書き込んでいる人は一体いくら税金払ってんだ」って聞きたい気持ちかもしれないですね。「すごい税金払ってるなら、ともかく」と。

今はもうこれだけ不況が続いて、円安になって、先々のことは分かんなくて、みんな子育てや家のローンで苦労してるわけじゃないですか。そうすると、ものすごくうるさいんですね、お金を使うことに。皇室にかかる経費に対してクレームが出る。そういう世の中になっちゃったわけです。これは英国も同じですが。

井上　まあ気の毒やけれども、おかげで大学の文科系へはそんなに世間のバッシングが来ないじゃないですか。もし皇室がなくなったら、今度そういうネットの刃はどこへ向かうかと考えると恐ろしい。

工藤　先生、それは面白いですね（笑）。全くそうなんですよ。私がいつも言ってるのは、皇室の方々の存在価値は、とにかく昔からの文化を残すことだと。あの中でしか残ってないものって、言葉とか文字とかしきたりとか祭祀とか、ありますよね。これを残すのに意味があるから、税金は投下してもいいんだと言ってるんです。

それでもそんなに文句を言われるんだったら、京都に皆さまが来て、こじんまりとお過ごしいただく。もともと京都におられたんだから、文化の継承には何の問題もないですし、なさったらどうかと思うんですけど、どうですかね、先生。

井上　「京都へお戻り」という東京方面からのご意見に、しばしば遭遇しますよね。でも、聞かされるたびに、よく思います。厄介払いをしたがってるんやないかって。

東京では車の検問が皇室がらみの催しで、頻繁にありますよね。あれ煩わしいですよね。ただでさえ海外の外交使節とかが来るときの検問で、東京は大変なんです。やはり、しばしば検問を必要とする皇室が京都に行ったら、少しは楽になる。東京の検問が少なくなって助かるという発想があるのではないか。つまり、ほとんど「原子力発電所をよそへ移そう」みたいな。

工藤　それは私が言ったんじゃないですよ、先生がおっしゃった（笑）。

井上　私自身は、皇室を原発だと思っていません。だけど、京都への帰還をすすめる声は、私の耳にそう響くわけですよ、「京都へ戻れ」という意見は、「産業廃棄物処理施設をこんな都心に置くなよ」というそれに近い、と。

工藤　それはちょっと極端ですけど、京都ならおさまりがいいんじゃないかなと思うんです。そのための道筋整備は大変ですが。

勤労奉仕団にご挨拶されない雅子さま

井上　あと、ご本人がそれを望んでるなら検討の余地はあると思うけれども、あんまり望んでらっしゃらないんじゃない？

工藤　でも外国から来たお客さまにお会いになるのは嬉しくて、どこそこの王室の方々が来たっていうと、すぐ出てきますよね。あとは学者とか政治家とか有名な芸術家とは、喜んでお会いになる。スポーツ選手しかり。

一方あの広い皇居はいつも勤労奉仕団という方々がいて、国民の中からボランティアで皆さん来ているわけです。全部自分でお金払って地方からいらして、それでお掃除する、無償で。でも雅子さまは1回しかご挨拶に出たことないんですよね。天皇はさすがに時々ご挨拶されますけどね。

このご挨拶も、ご公務のひとつなんです。大正天皇のお后だった貞明さまは、前の晩から今日の奉仕団はどこの地方の人たちで、そこではどういうものが採れるのかとか全部勉強して、奉仕団の人が来ると「ありがとう」と言って、「今年は野菜の収穫が良かったわね」とか「先月の台風で村は被害がなかったかい」とかって話をなさる。だからみんな感激して帰るわけですよ。そういう名もないけれど、「せめてお掃除でもさせてください」という方たちが本当は一番尊いんじゃないかなと、私は個人的には思うんです。園遊会に招待された賓客全員の経歴をいちいち暗記する必要なんてないから。

井上 そうですね。無料奉仕だから、清掃の人を雇ったりする経費には、税金をまわさなくて済みそうですしね。

工藤 多少の助けになるでしょう。外国から来た賓客だの学者の先生だのを招いて講演していただくのを有難がるって、民の竈(かまど)の煙を心配する心を忘れているように思う。あっ、先生も学者の先生だった。失礼しました（笑）。

井上 安心してください。私が招かれることはないですから。

工藤 いや、分かんないですよ（笑）。招かれるかもしれないから、ごめんなさい。でも、かなり上皇上皇后のお好みに合った学者さんとか評論家さんとかがご招待されているみたいで、私はご招待にあずかった偉い先生方から自慢話をよく聞かされました。それもいいですけど、やっぱり普通の人たちのことを大事にする気持ちだけは持ってもらいたいなと思います。

井上　おっしゃることも分かりますが、ボランティアの方たちはどこまで続くでしょうかね。

工藤　代々やる方もいるし、親の代からとか。

井上　あれは先細りじゃないかなと思うけれども。

工藤　人数は確かに少なくなりますよね。それと皇居を掃除すると言ってるけども、やっぱり天皇皇后がお住まいで、「もしかしたら出てきて、お声がけぐらいあるかもしれない」という期待があるから、みんな来るわけじゃないですか。ってことは天皇皇后に魅力がなくなったら、来ないですよね。

井上　そういうこともあると思います。一緒にしてはいけないけど、桂離宮は皇室財産なんです。あれも離宮を維持するために、毎年庭師さんたちの手が入っています。だけど、当局はあんまりコストを払わないんです。ご奉仕ではないんだけれども、桂離宮の手入れに携わってることを庭師さんたちが名誉に感じ、ありがたがってくれるんですね。そこに甘えられたから、これまではわりと安いコストで賄えてた。

それが昨今は、そういうことにありがたみを感じる職人がずいぶん減ってると聞いています。かといって急に、桂離宮のメンテ経費も増額は要求できないらしいですね。

上皇のお戻りを待っている京都市

井上 先ほどの「京都に」ですが、別の話をいたします。実を言うと京都の門川（大作）市長が、平成さんは隠居したがってると知って、言わはったんですよ。「上皇となられた暁にはぜひ京都でお住まいになってほしい」と、公式に記者会見で。これに対しては、バッシングがすごかったですよ。

工藤 えっ、なんでですか？

井上 「自分の街を何様やと思うてるんだ」という全国からのバッシング。いかにも京都は選ばれた街だと言わんばかりに響いたんでしょうね。

工藤 そんなことがあったんですか。

井上 はい。ネットのバッシングって、いろんな方向で来ますから。必ずしも「税金の無駄遣いバッシング」だけではない。

京都市長にどのくらいの尊皇精神があるのかは知りません。ドナルド・トランプ氏がキリスト教に熱心なふうを示すのと一緒かもしれませんよ。皇室贔屓というか「皇室を迎えたい」と思っている京都市民は、一定程度実在します。そういう市民感情を代弁するのも、市長の仕事だと思ったのかな。まあ、本人に聞いたことないし、会ってもよう聞かんと思うから、分かりませんが。

工藤　（笑）。でも全国から批判が来たと言うのは意外ですね。

井上　そうでもないでしょう。皇室の京都帰還が現実味をおびると、東京でも反対の声は上がるんじゃないかな。みんなが工藤さんのように考えるとは、思えません。市長の発言に対しても、「よくぞ京都が引き取る覚悟をしてくれた」という応援のＳＮＳはなかったんじゃないでしょうか。

工藤　それは今後の皇室のあり様によって反応は大きく変わると思うのですが……。

井上　京都側にも実を言うと、打算めいた部分がなくはなくってね。今、京都市の北のほうに植物園があります。あれは大正天皇が即位式を京都でやらはったときの御下賜金でできてるんです。昭和の天皇も京都で即位式をやらはったので、御大礼記念で京都市立美術館（現京セラ美術館）ができました。

京都は天皇家に捨てられた街なので、慰謝料と養育費をけっこうせしめてきたんですよ。そこのうまみをね、京都の行政関係者はなんとか保たせたいと思っている。そういう部分はあるかもしれません。

上皇が京都に来た。世の中から無駄遣いと言われてる税金が、上皇経由で京都に落ちるかもしれないという打算は、どこかにあったかな。でも、そこまで見ぬいたうえでの小狡いという批判は、多分なかったと思います。

工藤 ただ実際、天皇皇后両陛下が京都に来れば、相当お金は落ちますよね、京都に。

井上 まあ、そうでしょうね。でも京都へ来られたときに沿道からおこった「戻ってきて」という掛け声は、それを望んでの掛け声ではないと思いますけどね。

京都中華主義者の言い分

井上 東京との関係で言えば、「京都」という街の名前、変だと思われません？

工藤 変ってなんでですか（笑）。

井上 東京って「東の京都」という意味の地名ですよ。でも、この都市、旧江戸こそが本当の京都じゃないですか。「京」も「都」も、みやこか首都を指す漢字ですし。それなのに、首都機能を持たないかつての都が、今なお「京都」と呼ばれます。みやこの中のみやことね。明治維新のときに、ここは「山城市」にしとけばよかったんですよ。江戸が「京都」を名乗ればよかったのに、自らは東側の京都、いまだに、「東京」と低姿勢をたもっています。

これは私の考えですけれども、明治政府は京都から朝廷を奪い取り、都としての権能も奪い取った。山城側には不満や不平があるだろうから、名前だけは残しておいてやろうと忖度が働いたのではないか。

「近畿地方」というのも変なんですよ。近畿の畿って、「都」という意味なんですよ。あるいは「王宮」という意味にもなります。近畿を現代語訳すれば「首都圏」です。もう実体として首都圏でも何でもないのに、名前だけは近畿を残してもらってるんです。

一方、首都を囲む地方はいまだに関東、「関所の東の辺境地」という名前に甘んじています。だから相当気を使ったんだと思いますね、首都移転に際しては。

実を言うと、遷都の勅令は出ていないんですよ。奈良から長岡へ移るときは、遷都の勅令が出た。長岡から平安に移るときも、遷都の勅令は出てるんです。だけど江戸に移ったときは、遷都の勅令を出していない。これが一部の京都中華主義者に「今でも都は京都」という、ささやかな根拠を与えてるんです。

工藤　なるほど。それは面白いですね。京都中華主義者って、まだけっこういるんですか。

井上　数はそう多くないと思いますが、います。僕はしばしば「京都弁」という言い方をするんですが、彼らは「京都弁」という物言いに怒ります。「京言葉と言いなさい。『弁』ではありません」と。

工藤　何が違うんですか。

井上　「弁」というと方言でしょう。「京言葉は方言じゃありません。由緒正しい日本語です」と。

工藤　「自分たちの言葉が、一番正統派なんです」と。

井上　そうそう。そして彼らは「東京弁」という言い方をします。いわゆる共通語のことを。天皇は「ちょっと行ってくる」と言ってあっちへ行っただけで、「まだ都は京都である」という観念の、それの言語バージョンですね。遷都の勅令が出てないことも「いずれは戻る」という物語に裏付けを与えてしまってるんです。

幸か不幸か戦後の憲法は、天皇の政治的な行為を禁止しています。遷都の勅令も、もう出しようがありません。つまり京都は、勅令の有無という形式にこだわれば永遠に都であり続けるんです。中華主義者の言い分にしたがえばね。でも生前退位が可能になったのなら、テレビを通じて「もう都は東京にしませんか」と言ってほしいもんやと思いますね（笑）。

工藤　本当にそう思いますね。あらゆることが可能になったんです、あれで。

井上　だから「女帝もあり」という話だってありえますよね、テレビさえ使えば。

工藤　そう。悠仁さまも「僕は天皇にはなりたくありません」とテレビで言えば。

井上　愛子さんだって「嫌や」と言わはるかもしれへん。

工藤　そう、愛子さまだって「私は嫌です」とか言って、青い目の恋人を連れて来られるかもしれません。

井上　それってすごい話で、革命を経ずに王制を終わらせる世界史上最初の国になるかもしれませんよ。即位をする可能性のある人たちが、みんな嫌や嫌や言うて（笑）。

工藤　本当にすごい。さすが先生。革命をせずに終わらせるということですね、戦争もせずに。確かに考えてみたら、そうですよね。

井上　それに今はもう皇族でも、やりたそうな素振りを見せた瞬間、ＳＮＳでのバッシングが相当すごくなると思いません？　「え、あいつ、やりたいの？」みたいな。

工藤　そうそう、あり得ますね。でも一方では、どんなに不細工でも、どんなモテない男でも、皇族ということになれば、どこ行ったたって一定は持て囃されるんです。それを「嬉しい」とか「当然」と思っておられる方もいるでしょう。

井上　私が贅沢なのかな。私は、そういう水戸黄門の印籠めいた権威を使わずに、裸の状態でちりめん問屋の御隠居、一老人・光右衛門としてモテたい（笑）。

工藤　（笑）。でも先生、実はモテるでしょう。日文研（国際日本文化研究センター）の所長さんとなると。

井上　日文研の所長は大した印籠になりません（笑）。

工藤　だって、やっぱり地位は関係あるでしょう。それに本当にモテる人は自分からモテるとは言いません。しかもベストセラー連発している超有名学者なんて、しっかり若い愛人がいたりしますよ。そんなより先生のほうが、ずっと清潔感があってモテるはずです。

井上　所長でモテるとしたら、まあ「この会議に出席してほしい」「こちらのシンポジウムに出てほしい」っていうのはあります。だけど、私の中ではそんなのモテのカテゴリーに入らない（笑）。

京都移転する文化庁は菅原道真の気持ち

工藤　実際のところ、京都には皇族だった方や華族だった方々が、まだいらっしゃるわけです。そこに皇族の方がもう一回戻ってこられると、馴染みやすいといったことはあるでしょうか。逆に馴染みにくいとか。

井上　考えたことないけど、確かに「近衛通」とか「白川通」とか天皇の名前をつけた地名がいっぱいありますしね。
工藤　三笠宮のお孫さんの彬子さまも、ほとんど京都にお住まいですね。
井上　霞が関からもね、文化庁が今度京都へ来たんですよ。
工藤　あ、そうなんですか。
井上　文化庁は相当抵抗したんです。安倍政権が地方創生事業をとなえました。「東京一極集中が地方をダメにしている」と。だから、中央省庁のいくつかを地方へ分散して、地方活性化の弾みをつけたい。これが安倍晋三政権のひとつの政策だったんです。
　特許庁をどこに移そうとか、中小企業庁や消費者庁をどこにやろうとか、検討されました。さすがに財務とか外務を地方移転させる案はなかったけれど、ややちっぽけな省庁が移転の候補にのぼったんです。
工藤　徳島も何かありましたね。
井上　消費者庁ですね。でも全部ついえ去って唯一、文化庁の京都移転だけが実ったんです。文化庁の職員、どんな気持ちになってるかと。
工藤　喜んでるんじゃないんですか？
井上　僕はそんなことないと思う。菅原道真みたいな気持ちになっているでしょう。だって文化庁は相当抵抗したんですよ。「文化庁といっても文化財行政だけではありません。著作や映像、音楽の許認可とかかわる問題もたくさんあるので、東京にいたほうが絶対いい。文化財も一見、近畿地方に多くありそうに思われるかもしれませんが、ほとんどが東京の博物館に移転させています。文化財行政も、東京にいたほうがやりやすいんです」。一応筋の通った議論をしてらっしゃった。でも聞いて、私は感じました。一見（いっけん）合理的な説明の裏にひそむ、「田舎へは行きたくない」という魂の叫びをね。

もう文化庁の京都移転は始まっています。（作曲家の）都倉俊一さんも京都に来たはるんですよ、文化庁長官なんで。

工藤　文化庁の役人さんは、もともと、どういう人たちがなるんですか。

井上　分かりませんが、少なくない部分は東京のいい大学を出てらっしゃるんじゃないでしょうか。

工藤　東大とか出た人が、はじめから文化庁に入りたいと思って？

井上　最初は文部科学省に行って、そこから文化庁に配属される。霞が関の中で、自分たちだけが京都に観光で行くんならいい。でも、ずっと京都は嫌だ。せっかく娘を慶應の幼稚舎に入れたんだから、「あなた1人で行ってきてよ」と言われて単身赴任です。

もちろん、文化庁職員の中にも、子供とよう離れん人はいるでしょう。だからせっかく学習院に入れた息子たちも、田舎の小中学校へ、田舎って京都のことですが、転校させて渋々一緒に来るわけです。それで小学生、中学生はね、京都の学校へ通うと半年もしないうちに京都弁になるんです。で、お母さんに毎日怒られる。「汚い言葉使わないで！」。

工藤　そんなことないでしょう（笑）。

井上　いや、私はよく聞くんです。目の前で言われたこともある。「子供が汚い言葉を覚えて困る」「汚い言葉って京都弁のことですか？」「そうよ」って。

工藤　本当の話ですか？　冗談じゃなくて。

井上　冗談ではありません。だけど私はこの事態を喜んでるんです。「汚い言葉は使わないで！」と往来で言うお母さんの怒りを、京都中華主義者も否応なく耳にするんです。ざまあ見ろと（笑）。

明治天皇は、京都弁だった。京都に対する望郷の想いも生涯抱いていたと言われます。でも、今の4代5代と東京で育（はぐく）まれてらっしゃる皇室の方々なら、京都へ行きたいとは望まないでしょう。

工藤　それは私も思います。ご本人たちは行きたいと思われないでしょう。

井上　奈良から京都に移ってきた桓武（かんむ）天皇は、もう新天地へ骨をうずめる決意で来ました。一方、次の平城天皇は「奈良へ戻りたい」と思っていたんですよ。でもさらに次の嵯峨天皇以後、「奈良へ戻りたい」という声はなくなります。

工藤 3代ぐらいかかって諦めるわけですよね。

井上 今は3代もかからない。在位の年数も違うんで。

工藤 そうですね。でも最初は抵抗あるかもしれないけれど、京都に来れば変わる。

井上 その来るまでが大変やから。だって文化庁ごときですら、あんなに抵抗するんですよ。国立国会図書館の関西館なんか、京都府の精華町にありますが、国会図書館の中では左遷のコースだと、設立当初は聞かされましたしね。

工藤 そうなんですか（笑）。

井上 ちょっとまずいことを言ってしまったかな（笑）。

3章　日本の文化はどこまで守るべきか

京都の言葉は残すべきか

工藤　私がなぜ皇室は京都にお帰りになってほしいと言うかというと、昔の皇室の言葉がどんどん忘れられているからです。特に上皇后がお嫁入りなさってからが、そうです。もともとが群馬県の舘林の方ですから、言葉が全然違うわけです。

久邇宮家から嫁に来た良子皇后は東京で育った方ですけれど、周りはみんな京都から来た人か、その二世でしたからね。三笠宮さまが90歳のときにインタビューに通ったことがありますが、私の喋る言葉と先方の妃殿下が喋る言葉では、明らかに言葉が違うんです、三笠宮さまはもちろん悪意でおっしゃったんじゃなくて、ニコニコしながら鰻か何かご馳走してくださったときに「失礼ながら日本語があまりお上手ではないですね」って言われたんですよ。私が「申し訳ございません。育ちが悪いものですから」って答えると、「さっき工藤さんは『昭和天皇が崩御されて』って言いましたね」と。「崩御は御がついてて、もう敬語なんだから、『崩御になって』が正しいんですよ」。

ひどい人になると「ご崩御されて」とか書く人もいるそうで、それは二重敬語になると。「ああ、本当にお恥ずかしい限りでございます」って頭を下げました。

井上　そうですね。でも、お味噌汁のことを「おみおつけ」と言ったりするじゃないですか。御御御（おみお）と、「御」が三つ重なってるんですよ。そんな言葉もあるのに。

工藤　そうなんですよ。「おみ足」とか「おみ帯」とかもいいますね。だから気がついたのは、皇室の方々は何でも「お」をつけるということ。たとえば「先生、素敵な時計してらっしゃいますね」とかって私が言うとするじゃないですか。それも「先生は素敵なお時計をあそばしていらっしゃいますね」って言われるらしいです。そんな言葉、出てこないじゃないですか。だから「御所言葉って一体何なんですか」と聞いたんです。すると「簡単な話が、京都の言葉なんですよ」とおっしゃるんですよね。

井上　そうですね。私もそのニュアンスを先ほどのお口振りで感じます。

工藤　そうですか。もうとにかく、お机、お椅子、お着物。全部「お」か「ご」か何かがつくんです。だから「鉛筆貸してください」とか絶対言っちゃいけない。「お鉛筆をお借りいたします」とか。

井上　特に食べ物で、芋とか豆とかあるじゃないですか。私でもそれらをさすときは「お芋」「お豆」です。さん付けもしますね。芋が下に落ちたらね、「お芋さんが転がったはる」。

工藤　そうなりますよね。そういうのって京都の方はまだそのまま使ってらっしゃるから、けっこうお年召した方なら、まだ使えると思うんです。

井上　ひどい話だけど、「隣りのおうちに、泥棒さんが入らはったらしい」。

工藤　（笑）。京都の方が「何々しはった」と言うのが敬語なのか、それとも単なる行動を表す言葉なのか分かんないんです。

井上　ああ、それはね、両方ありえます。あんまり値打ちのない「はる」もありますね。

工藤　（笑）。

井上　陰険なのはね、たとえば私がピアノを弾くわけです。近所に響くわけです。「お上手ですね」と言われることもあります。だけど、7、8割ぐらいは「やかましい」という意味だと私は受け止めます。「お上手ですね」に対して、「いや、大したことないですよ」と言うのは謙遜の度が足りない。「やかましくて申し訳ありません」と。

工藤　あっ、言わなきゃいけない。

井上　言わなきゃいけないことはないんだけど、まあ、「やかましさ」がせめられてると受け取ったほうが無難なんです。

工藤　多分、戦前までの皇室の中は、それだらけだったと思います。

井上　そうなんでしょうね。今の京都にそれはまだ残ってますね。

工藤　そうでしょう？　だからもう遅いかもしれないけど、今の現役の皇族の方々がそれを学んでくださったらたらいいなと思ってるんです。井上先生が、悠仁さまのご教育係になられたら完璧ですね。

井上 それは学ぶに値することやろか。

工藤 値しますよ。歴史なんですから。

遠回しの隠喩に満ちた京都の言葉

井上 でもたとえばね、電車の中でさわがしい子がいたとします。京都では、言われることがありますよ。「元気なお坊ちゃんで羨ましいわ」って。それ、「やかましい！」と言われたほうが、まだしもよくないですか？

工藤 私たち庶民の生活は、そのほうがいいと思うんです、もう今の時代は。

井上 あと、この四条新町辺りにはオフィスもありますけれど、時間にルーズな社員がよく怒られるんです。「ええ時計、持っとるみたいやな」。

工藤 そうらしいですね（笑）。私も何かで読みました。

井上 これはね、一応ハラスメント認定から逃れられるんです。文字におこして検討しても、部下への叱責とは受け取れないんですって。「ええ時計持ってると言うた。何にも意地悪言うた覚えはない」と。でも今後、国際化を迎えるときに、これでいいんだろうかと思うんです。

工藤　いや、これこそ残ってほしいと思います。国際化を迎える時代だからこそ。まさに紛れもない日本の文化であって、個性です。はっきり言わなければ通じない人は東京かニューヨークに暮らして、遠回しの隠喩に満ちた京都の言葉は、なんとしても残ってほしい。

井上　ウスビ・サコさんというマリ共和国出身の方がいらっしゃって、京都精華大学の学長にいっときなられたんです。彼は人なつこい方で、家でよくパーティーをなさるんですが、近所のおばちゃんにしばしば言われたそうです。「いつも楽しそうやね」と。

彼は真に受けて「おばさんも一緒にどうぞ」みたいに言ってたら、しばらくして警察から連絡があったんですって。「近所から苦情が出てる」と。でも国語辞典で「楽しそう」を引いても「うるさい」とは書いてないじゃないですか。今後、京都にもいろいろ外国の人が来はるだろうというときに、この言語習慣でいいんだろうかと。

工藤　いいですよ、素晴らしい。

井上　まあ逆に考えると、世界にも数は少ないけれども、褒め殺しの好きな人がいらっしゃるだろう。

工藤　「褒め殺し」というとすごい悪意を感じますが、海外にも非常に複雑な方法で英語でけなしたりする方もいますしね。

ただ思うんですけど、私たち東京じゃないですか。東京だと隣の家がうるさいときに、直接隣の人に嫌味を言うってことは絶対ないんですね。いきなり警察に電話するんです。「うるさいんです」と。それでいきなり警察が来る。誰が言ったか分かんない。

警察は、誰と言わないんですが、まあ何回もやっていれば分かりますよね、あの人だって。そのほうが楽といえば楽ですけれど、「楽しそうですね」と言ってくれるおばちゃんがいるというのは、文化的には大事なことだと思うんです。

井上　大事かもしれませんが、「ピアノお上手ですね」は厭味です。

工藤　そうですね。それは面白いですね。でも日本の文化はどっちが古いかといえば、やっぱり京都ですよ。その掛け合いですよ、今先生からお聞きした……。

井上　でも、あまり人を幸せにしない。

工藤　ただ言ったおばちゃんは、気分いいと思いますよ。私なんかずっと言えないで、この歳まで来ましたから。言葉で直接言わない文化ですから、言いたいことがあればたとえばその人の上司に言ってもらうとか画策するわけです。だから京都の人のほうが、まだ洗練されてると思いますけど。

井上　よく言えば洗練でしょうが、人を幸せにしない。まず言葉が信用できなくなるでしょう。

皇室に残る日本の伝統文化

工藤　でも、もともと言葉って信用できないものじゃないですか。

井上　言葉といえば、ある中国人に言われたことがあります。「ちょっと」という言葉が不可解だと。

工藤　私もいつもそう思う、テレビで聞いてても。

井上　大阪で道を尋ねたら「ちょっと分かりません」と言われた。ちょっと分からないんだから、かなりの部分は分かっているはずだと思って「なら教えてください」「いや、ちょっと分かりません」。全然分からへんことを「ちょっと分かりません」と言うのは、なぜなんだと。国語辞典で「ちょっと」を引いても「少し」としか出てこない。

工藤　テレビでも震災とか災害に遭った人に「大丈夫ですか」とか聞くじゃないですか。すると「今回はちょっとつらいですね」とか「ちょっと困りましたね」とか。絶対日本人って「すごく困りました」とか「本当に悲しいです」とか言わないですよね。あれ外国人はうろたえますね、確かに。

井上　そうですね。これは京都の問題であり、日本文化の問題でもありますね。

工藤　だからどうせだったら、一番古い日本文化が残ってるところに、あの人たちが固まって住んでくれたらいいなと私は思うんです。

井上　それは、やっぱり厄介払いの話。

工藤　厄介払いじゃないですよ（笑）。

井上　いや言ってみれば、文化財のテーマパークみたいな。

工藤　いえいえ、そんな大それたこと（笑）。

井上　イリオモテヤマネコの保存地区みたいな。

工藤　いやいやっぱり皇室というか、皇族には日本の伝統を継承し続けてほしいということです。実際ここ10年ぐらい、元華族の方とか妃殿下候補だった方に取材させてもらうと、「へぇー、こんな伝統がまだ残ってたのか」とびっくり仰天するような言葉やお約束事が残ってるんです。これは、いわゆる普通の家から嫁入りしてきたお嬢さんたちでは、なかなか受け継げないだろう、難しいだろうと思うんです。

井上　京都の娘さんなら、受け継げると。

工藤　京都じゃなくても旧家に育ったお嬢さんなら、どうなのかなと。これは元皇族の方から伺ったのですが、ティアラという髪飾りあるでしょう、美智子さまがお嫁入りしたときに、あれの飾り方を全然ご存知ないわけです、一般家庭の娘さんですから。それで宝塚みたいに斜めにつけたわけですね。そしたら高松宮妃殿下が「美智子妃殿下、それはつけ方がちょっと違いますから、お直しいたしましょうか」と言ったら、「結構です」と断られた。

それだけでも、なかなかのお嬢さまですよね。ところがその夜、皇太子から高松宮妃殿下のところにジャーンと電話がかかってきて、「おばさま、これから先は何かあったら美智子に言わないで、僕に直接言ってください」とおっしゃったそうです。もう高松宮妃殿下は本当にショックだったと（笑）。

井上　橋田壽賀子のドラマみたいですね。

工藤　全くそうなんですよ。このようなエピソードは山ほどあるんです。守旧派の女性たちの悔しさと、新興勢力の勝気さとの激闘なんてドラマが書けちゃいます。だから私、自分がガンで余命が半年とかになったら、全部書いてしまおうかと思ってるんです（笑）。怖くてなかなか書けないでしょうけどね。

それにどんな文化やしきたりだって、やがて全部ぶち壊されるわけです、一回。だけど、それをなんとか取り戻したほうがよいのではないかというのが、私の考えなんです。今日、井上先生からお話伺って、ますますその気持ちが強くなったのは面白いですね。

家の中で靴を履くのが今の皇室

井上　ちょっと話の角度を変えますけれどね、私は２００４年にブラジルのリオデジャネイロ州立大学で授業をしました。３カ月近くリオで過ごしたことがあるんです。そのときに、どんくさい私は路上で倒れて顎を怪我したんです。十数針縫うたんです。

地元の人に薦められてある病院に行くと、医者が言うんですよ、「ベッドへ横になってくれ。顎の状態を見たいから」と。私は靴を脱いで、ベッドへ横たわろうとしたんです。そしたら医者が怒りだすんです。「どうしてそんなところに靴を脱ぐんだ、靴が邪魔になる」。私は聞いたんです。「この病院、寝るときに靴を脱ぐのはいけないという規則があるのか」「そんな規則はない。だけど、お前のようなやつは見たことがない」。

こちらは治してもらう身ですから、こんなところで戦ってもしょうがありません。渋々靴を履き直してベッドの上で寝たんです。私はかかとがシーツになるべく重ならないよう腹筋で足を持ち上げながら治療してもらいました。そのときに自分はしみじみ日本人だなと思ったんです。家の中では靴を脱ぐし、ましてや寝床で靴を履いたままという状態は耐えられへん。

住まいでの土足厳禁は多くの日本人に分かち合える生活習慣です。社会格差を超えて、分かち合われている。でも皇室はね、近代以降家の中でずっと靴を履いているんです。美智子さんを宮内庁が迎えに来たときの写真を昔の雑誌で見たことがあります。宮内庁の職員は土足で正田邸に入っているんです。多分、雅子さんのところにも土足で入っていると思います。つまりあの人たちは、日本文化から浮き上がっているんです。

工藤　全くおっしゃる通り、先生そうなんです。

井上　京都的な言い回しは分かち合えるかもしれへんけれど、京都のおうちで靴を履いたまま暮らせるところはない。

工藤　あり得ないです、全くそうですね。

井上　ニュージーランド人の知人がいて、彼は日本の女の人と結婚をしました。私の近く、宇治で暮らしてるんです。彼の奥さんがすごく優しい人なんですね。夫が外国に育ち、必ずしも日本文化を分かち合えないことは分かってるそうです。でも、彼が家を出て忘れ物に気がつき急いで取りに帰って、靴を脱がずに上がったときは違った。優しかった妻がむちゃくちゃ怒らはったんですって。それで分かるわけですよ。「あっ、これは越えたらいけない日本文化の一線なんだな」と。

工藤　（笑）。それは非常に象徴的だと思います。いくつかあるんですよね、絶対越えてはいけないものが。

井上　写真で見たことがあんねんけど、今の陛下が美智子さんにあやされて遊んでると
ころを、ソファーの上で靴を履いたはるんです。

工藤　面白いですね。上皇后がお若いとき、いわゆる執務室みたいなのがあったんです。
私、侍従長だった方に聞いたんです、「執務室に1日おられるときに皇后さま、お靴はど
うなんですか」と。まさか普通のハイヒールは履いてませんが、ちょっとかかとのあるミ
ュールのようなものをいつも履いてらっしゃると言ってましたね。大変でしょうと思った
んですけど、やっぱり違うんですよね。
　でも三笠宮邸にお仕事で伺ったときは、玄関で靴脱いでスリッパ履きました。だから宮
家によって違うのかもしれないです。

「さもしい」日本文化も守るべきか

井上　ブラジルの思い出話をもうひとつ。私は州立大学の文学部長に紹介してもらった
ことがあるんです。私を紹介してくれた先生が、言いだしたんです。「この井上という人
は建築の勉強をしているんだけど、それだけではない。本もたくさん書いていて、よく読

まれている。日本では大変有名な人だ」と。

私は途中で「やめてくれ」と思いました。その部長さんが「あなたはそんなに有名な人なのか」と聞くので「とんでもありません」と答えました。その場は「あなたは謙虚な人なんだね」で終わったんだけど、あとで私を紹介してくれた人が怒りだしたんです。「あなたを有名だと言った私の面子をどうしてくれるんだ。日本人はああいうとき謙虚にふるまったら、それでいいと思ってるけれども、そんなのブラジルでは通用しない。ああいう態度は卑怯だ」「じゃあブラジル人なら、どう答えるんですか」。その先生、言わはるんです。「そう、私は有名だ。日本では谷崎、川端、三島、井上と並び称されてます」。

工藤　そう言えってわけですね（笑）。

井上　はい。そんなラインナップ、頭の中によぎりもしないじゃないですか。われわれの地元では「ピアノお上手ですね」に対して、「いやいや、大したことないですよ」さえ言えない。「やかましくて申し訳ありません」ですから。

中学や高校のときに期末試験とか中間試験がありますよね。試験前に、「準備はできてるか」というやりとりをするじゃないですか。これも日本文化やと思うんだけど、多くの人は、そこそこ準備ができていても「全然できてない」と言いがちじゃないですか。あれも国際的には、仲のいい友達さえ油断をさせて自分がのし上がろうという、さもしい風景に見えるわけです。周りを油断させて、平均点を下げる。自ずと、自分の位置づけは上昇する。これは守るべき文化なのか。まあ私は「谷崎、川端、三島」まで行く必要はないと思うけど（笑）。

工藤　確かに日本にそういう文化はあると思います。ただ割合その文化に毒されないのが、ある意味では家庭内にいる主婦の人たちじゃないかなと思うことがあるんです。お友達で、ご主人がものすごく優しい人がいるんです。結婚してから、もうすぐ金婚式ぐらいになるまで、「君は綺麗だね」「かわいいね」「すごく素敵だ」って、ずーっと言い続けてるんです。そうすると、もう自分でもそう思い込んじゃうわけですよね。

このあいだ一緒にご飯食べたときに「ねえねえ私たちってさ、その辺のほかの人から見たら50ぐらいにしか見えないわよね」って言うんです、彼女が。私と同い年なんですよ。私は「何バカなこと言ってんの。みんなから見れば立派に70ババアよ」って否定するんですけど「そんなことないわよ。うちの彼だってね、そう言うもの」って真顔で言うんです。そういう人、何人かいるんです、周りに女の人で。

井上　私はブラジルで「君は美人が好きらしいな」って言われたんです。私に『美人論』という本があることを知ったはったんですね。「うちの娘は大変綺麗なんだ。今度家でホームパーティーやるから来ないか」と誘われた。

まあ食事はおいしかったし、楽しかったからいいんだけど、日本のパパはよう言わんでしょう。娘に向かって「お前はかわいい」と言うパパはいると思います。でも、他人へ「お前、美人に会いたいやろ。うちへ来い」とは言えないんじゃないかな。まあ、ある程度リアリティーがあるならまだしもなんだけど（笑）。

古いものを潰してきたのが日本文化

工藤　本当に、どっちが幸せなんだろうと思うことありますね。私は皇室の伝統でいいなと思うのは、話し言葉の流れというか、非常に耳に心地よくて綺麗なところです。

それから男の方にはあまり興味ないかもしれませんが、お召し物とか、それこそお指輪とかは、やっぱり明治時代からのいろんな蓄積があるわけです。皇后さまも諸外国に負けないようなものを身につけなきゃいけなかった。

天皇さまは早い話が軍服着て、それこそニコライ二世が斬りつけられたと聞いたら大急ぎで駆けつければいいわけです。ひたすら謝罪をして、贈り物をたくさん携えて伺えばすむのですけど、皇后はそれなりの支度をしてないと、みっともないわけです。

当時のエリザベス女王のティアラなんて、すごいもんですよね。重さを考えただけでも、頭の上に載るかしらと心配になるほど絢爛豪華です。それこそ値段のつけようがないですよね。こんなにでかいダイヤが、バーッとくっついてるわけですから。

それに比べると日本の皇族の宝石は質素ですが、やっぱり明治天皇のお妃ですから昭憲皇太后のつけていたものだって、すごいジュエリーなわけです。そういうものは簡単には出さないでしょうし、全てを展示とかしないだろうと思います。でも文化として絶対に保存しておいてもらいたい気はするんですね。お着物にしても、それこそ当時の芸術の粋を集めたものですから。

井上 赤坂離宮とかもね。

工藤 そうそう。そういうのがあまりにも戦後、軽く見られちゃって。

井上 むしろ〝「税金を何に使うんだバッシング」の対象になりますよね。

工藤 だけど、けっこう大事なことじゃないかなと思って。このあいだもお伺いしたら、お正月に歌会始で作る和歌も、独特の作り方があるわけですよ。様式があって。書く紙も、何とかっていう紙じゃなきゃダメで、それはどこそこで漉くとかっていうのがあって。それらが、今の状態が続くと、やがて途切れちゃう。

本当に文化を残したいという強い思いがないと、文化庁のひと部屋ぐらいで管理されて終わっちゃうような気がするんですよね。だから焦りみたいな感覚があって。

井上　おっしゃる通りだと思います。奈良には正倉院があって、あそこには確かにすごいものが残っています。でも、あれは聖武天皇の頃の一時期な皇室財産でしかありません。それ以前以後ずっと続いた皇室のいろいろな宝が、とぎれなく残ってるわけではない。いろんな歴史に左右されて、残念ながら今は分からなくなってるものも少なくないわけです。
それを残したいと皇室および宮内庁が思うのはよく分かります。だけど、何が何でも残すということで国家運営を考えられても、また困るんじゃないでしょうか。なくなるものはなくなるし、なくならずに残ったものを「ありがたい」と思えばいい。
京都にあった町家だって、今はなくなりだしているんですよ。周りもビルだらけじゃないですか。それでビルに取って付けたように瓦をつけている。
工藤　私の泊っているホテルも京町家をリフォームして、東京オリンピックめがけてオープンしたと言っていました。つまりオリジナルの町屋はなくなってるということですね。
井上　比べて偉いなと思うのは、たとえばイタリアのフィレンツェですね。市役所は築500年です。逆にそういうものは潰していくのが、日本文化じゃないですか。
工藤　それはありますね。家なんかもすぐ潰して、新しいのを建て替える。50年ぐらいで新しくしますよね。
井上　築30年、40年というと、もう資産価値がない。

工藤　売るときに不動産としては、土地の値段だけですよね。

井上　そうなんです。ヴェネツィアの街なんか、日本風にながめれば言わば不良資産の塊で、ゴミ屋敷街じゃないですか。

工藤　そのうえ、すぐ水浸しになってね。

井上　でもイタリアは、あれを守るため必死になっている。やっぱり考え方が違うんだと思う。

工藤　そうですね。私も多くを望んで、これを残したいと思うのは無理なんだと頭では分かるんですけども、そこをなんとかっていう気持ちがある。

井上　まあ、いろんな人たちが、皇族は自ずと文化財保存の役目も果たしていると思っているかもしれません。そういう一面は、もちろんあります。だけど、一方では家の中でも靴を履いている。西洋的な生活を受け入れてらっしゃる。むしろ日本の伝統を捨てる側のほうにおられるわけです。

4章　じつはいい加減な日本人と日本の伝統

天皇の歴史は、かなりいい加減

井上　皇室には日本文化を体現してきた部分もありますが、一方で新しいものにも率先して飛びつくんです。仏教伝来のときも、真っ先に飛びついた口ですよね。日本に古くからある神事の御本尊なんですよ、あの人たちは。だけど仏にすがりついた先駆者でもありました。

工藤　それで、うまくいってるんですよね。神仏習合を地で行ってる。皇族が亡くなったときも「南無阿弥陀仏」って書いた紙をお棺に入れるとかね。神道なのに何なんだろうっていうところはある。天皇の歴史も調べていくと、かなりいい加減なつながり方で来ましたよね。

井上　そうですね、皇室典範は男子直系にこだわってるけれど、歴史的には必ずしもそうじゃないですね。

工藤　いろんなことがあった。すごく面白いと思ったのは、源氏に追われて水の中に飛び込む安徳(あんとく)天皇の話です。実は鹿児島かどこかで生きていて、その子孫だって人たちが「天皇さん、天皇さん」って島で呼ばれてて、末裔がまだ生きておられるらしいんです。進駐軍が来たときも、熊沢天皇という北朝の天皇の末裔にわざわざ会いに行ったって。いろんな話があって、いろんな人たちがいたわけですよね。

井上　そうですね。鹿児島には豊臣秀頼が晩年を過ごしたという家も残っているんですよ。大坂夏の陣から脱走して、逃れてここで余生を送ったと。自治体が作ってる表示にもそう書いてあった（笑）。

北海道平取町にも、公共団体が作った道路標示に「源義経うんぬん」といったことが書いてあるんです（※平取町に義経資料館がありますが、看板の内容までは不明でした。未確認ですみません）。

工藤　私の祖父が青森の出身で、明治23年生まれなんですけど、私が小学校のときに「うちの故郷には戸来（へらい）村というのがあって、日本に逃げて来たキリストがそこに来て死んだんだぞ」と言ったんです。それで「盆踊りはヘブライ語なんだ」とか威張るんです。

私は戦後すぐの子供で、進駐軍はキリスト教の布教に熱心でしたから、クリスチャンの幼稚園に行ったんです。きれいな天使やマリア様の絵はたくさん見せられたけど、青森の田舎で死んだキリストさんの話なんて、見たことも聞いたこともなかった。だから「キリストは十字架に磔になって殺されたんじゃない？」と尋ねたら、「あれは弟のストキリである」とかって言うんですよ。ストキリなんて怪しい名前ですよね。

井上　確か「イスキリ」やったと思う。

工藤　イスキリですか。じゃ、うちのじいちゃん間違えたんだ（笑）。なにしろ青森の田舎で育った津軽弁の人でしたから。

井上　昭和のはじめ頃にできるんです、あの話は。『竹内文献』という偽書に書いてあるんです。

工藤　先生のご本を読んで初めて、こうした作られた伝説の過程が分かりました。うちの父親は明治44年生まれですが、「お前知っとるか、義経はモンゴルに逃げてチンギス・ハンになった」と。「そんなバカな。ウソでしょ」と言ったら「俺は行って見てきた」とか平気で嘯くんです。

井上　確かに戦前、『満州日日新聞』に「義経の墓発見」という記事がありました。日中戦争のはじまった1937年の年末から、連日のように大見出しでさわがれています。まあ、どっちみち軍がでっち上げてるんだけど。

工藤　軍がでっち上げてるんですね。それで本まで出てるんですか。

井上　『成吉思汗ハ源義経也』という本が、一番よく読まれたでしょうね（笑）。でも、これは満州で義経の墓と称する遺跡が見つかる前に、刊行されました。

工藤　それで源氏の紋章がチンギス・ハンの紋章と同じだって言うんですよね。「見てこい」とか言われて私はわざわざモンゴルへ行って、ウランバートルの博物館で見学したりして（笑）。某有名新聞社が取材費を100万円も出してくれたんです、バブルの頃だったから。結局分からないで帰って来て、ずっと「もしかしたら」とか思っていたのに、先生の本読んだらこてんぱんに「全部妄想である」って（笑）。

井上　いつ頃出てきた話かは、調べれば分かるんでね。岩崎克己という学者が、『義経入夷渡満説書誌』（1943年）という本を書いています。義経にかかわる妄説がふくらんでいく様子を、丹念においかけた本です。圧倒的な書誌学の仕事ですよ。

工藤　うちの祖父とか父ってインテリじゃなく、いわゆる普通の庶民でしたから歴史に幻想を抱くのが大好きで。見事にまんまと引っかかった年代だったんですね。

関東平野で迎えられた天皇の皇子たち

井上　源義経は源氏ですけれど、元をたどれば天皇家にたどりつきます。清和天皇の子孫、いわゆる清和源氏です。平家もそう。桓武平氏は桓武天皇の子孫になるわけです。そして平家も源氏も、天皇と血がつながっていることにプライドを抱いているわけです。これは相当大きいことやと思うんです。

工藤　すごい大きいことですね。だってその子孫を探していったら、いっぱいいるじゃないですか。

井上　そうですね。平安時代の話ですが、関東平野では10世紀頃から土地の開発が進みます。いろんな地域のボスが、勢力圏を広げます。その過程で開発の担い手たちは喧嘩をするんです。「この土地は俺のもんや」「いや俺が先に手をつけた」。自ずとこういう揉め事への対処が大事になっていくわけです。

桓武天皇の話をしますが、彼はいろんな女の人と関係を持って、いっぱい皇子さんを作りました。多すぎて、京都ではね、皇子の引き取り手がいないわけです。清和天皇も、サウジアラビアの王みたいなもんで、山のように皇子がいるんですよ。この皇子の引き取り手になったのが、全国各地の、とりわけ関東平野のボスたちなんですよ。

どうして迎えたかというと、今でもあるじゃないですか。考古学の団体が三笠宮を総裁に仰いでるとか、ナントカの宮が一応担がれてるとか。今度の大阪万博（２０２５年）は、秋篠宮を名誉総裁にしたんじゃないかな。あれと同じように関東で地域を束ねるボスたちも、あぶれた皇子様たちを受け入れるんです。これが関東平野に広がる源氏とか平家の根っこにあるんです。その意味ではね、彼らも貴族なんですよ。

工藤　元をたどれば、もともと貴族の血が流れているということなんですね。

井上　貴族の血というか、皇族と言ったほうがいいのかな。少なくとも頭に戴いた錦の御旗みたいな人たちは、もともと皇子様の末裔ですね。まあ京都の王朝に捨てられた皇子様やね。日本全国に捨てられた皇子様の子孫が、いっぱいいはるんです。

工藤　そんなにいっぱい男系男子が余っている時代って、羨ましいみたいです。その方たちの系図とか名前とかって、分かっているんでしょうか?

井上　みんな、系図を書きたがるじゃないですか。やっぱりどこかで王家につながるんですよ。偽物の系図もあると思うけれども、たとえ偽物の系図でも、系統を王家に近づけたいと多くの人が思うんですよ。

鎌倉政権は承久の乱で後鳥羽(ごとば)上皇を追い落としたのに、自分たちが天皇家に取って代わろうとしなかった。関東の武将たちにも「天皇家の血を継いでいる」というプライドがある者はいる。本家にあたる皇室のことは、やはりうやまっていたでしょうね。

工藤　自分たちがその血を受け継いでいるから、別に取って代わらなくてもいいと。そういう感覚なんですか。

井上　自分たちが関東平野で威張っておられる根っこに王家の血があるわけです。だから後鳥羽を追い落とした後でも、京都から天皇の皇子様たちを鎌倉の将軍としてお迎えすることに、すごい血道を上げるわけです。

仲間の誰か、たとえば隣村のボスが大ボスになれば、ほかのボスたちが納得しない。とりわけ、北条風情を将軍にするというのでは、全体の合意がえられない。だから王家の血筋を持ってくる。だからこの国ではなかなか革命が起こらないんです。

工藤　なるほど、そういう意識があったのですね。尊崇の念はあるのだけれど、どこかで仲間意識も抱いていた。逆に滅ぼしてしまうと、自分たちの正統性も失われてしまうと思ったのかもしれませんね。

今の日本人は皇室をとても気にして、敬愛の念もあるのですが、それが報われないとバッシングの対象にする。これも案外近親憎悪の感情に近いのかなと思うことがあります。鎌倉幕府が後鳥羽上皇を隠岐に島流ししてから、なんでまた次の将軍を京都から迎えたのか不思議だったんです。

江戸時代の京都警備は今よりずっと緩かった

井上　平将門が自分は新しい天皇、「新皇」だと言い切ったのも、まんざら根拠のない話ではありません。彼も5代ほど遡ると王家につながるんですよ。今は「愛子さんか、秋篠宮家の誰か」というと問題になるけど、5代ぐらい遡りゃどこかで見繕えるでしょう。

工藤　見繕えるわけですね。ところが問題は、いわゆる一般から嫁入りした妃殿下たちは、そこそこのお家の娘たちなわけです。ものすごい上流ではないとしても。それが5代遡ったのを見繕うとなると、もう実は調べている方もいるのですが、あまりにも違う生活を送ってて。たとえば生活に困ってるとかっていう場合、ただ血がつながっているからお迎えしていいものか。

井上　でも今の天皇家は江戸時代に途絶えかけたとき、それこそ光格天皇を4、5代遡って拾い上げ、継承させた血統なんです。光格は閑院宮家ですが、彼自身のお母さんは町娘やったりしたんじゃないかな。

工藤　それはあり得ることですね。

井上　光格天皇は、どこかそれを負い目に感じていた。自分は先代にあたる後桃園（ごももその）天皇の直系ではなく、東山天皇あたりから来る、霊元以降の一度は脇へはずれた血筋であると。

工藤　後桜町ぐらいで1回切れるんですよね、確か。あの頃は平均寿命も短かったし、先代の桃園天皇も22歳で崩御して。119年ぶりに誕生した女帝が後桜町でしたけど、甥に位を譲って、あくまで中継ぎでした。でも甥の後桃園天皇も短命で終わって、男の子がいなかった。そこで閑院宮家から養子に迎えられたのが、光格天皇ですね。

井上　はい。しょうことなしに迎えられた身だということは、どこかで思ってらっしゃったでしょう。だからこそ「王家を立派にしないといけない」という思いに、ほかの天皇以上に囚われはったと思います。ほっといたら自分に王位が来るかもしれない、自分はごく自然に王位を継ぐ。そう思ってる人とは、覚悟の持ちようが違うかもしれない。

工藤　とても温厚な性格の方で、皇室に伝わるさまざまな儀式や祭祀もたくさん復活させてくださった天皇らしいですね。ご熱心な天皇さんだと思っていたのですが、遡って見つけられた方だったからなんですね。

今は儀式の簡素化が進む方向にある気がしていたのですが、やっぱり天皇の気持ちの持ちようも関係しますね。しょうことなく迎えられた身だからこそ、王家を立派にしようと思われたというのは、まさに目から鱗のお言葉です。閑院宮は、もともと京都におられたんですね？

井上　はい、京都にいはりました。閑院宮家は宮家ですから。

工藤　なるほど。江戸時代も皇室は一応、あまりみすぼらしくなかったと聞きますけど、御所がちゃんとあって、周りに皆さんいらっしゃったというわけですね。一条家とか九条家とかって華族筆頭のお家柄ですけど、もともと京都の一条とか九条にあったから、藤原家から枝分かれしたときに、そう呼ばれることになったらしいですね。

井上　そうですね。先ほど皇室が京都へ戻れるか戻れへんかの話をしました。あれにつながるかもしれないけれど、江戸時代の京都御所は町民が境内を行き来できたんですよ。今は築地塀を設けてるんですが、あれもなかったんです。市街地の延長やったんですよ。今京都の御所ってそれほどきびしく警備がなされているわけやないけれども、今以上に緩かった。

工藤 高松宮がいつも自慢しておられたのは、京都御所は石塀もないし厳重な警備などないということです。ただ民衆に愛されて来たから、余計な心配は不要なのだと。

井上 天皇自体は囲われていて、自分の育った場所から離れられないんですけれども、町民がその周りをウロウロするのはお咎めなしなんです。今の皇居とは全然違います。だから今の天皇家があの東京的な警備体制をたもったまま京都へ来るのでは、街に馴染めないと思いますね。

工藤 逆に江戸時代ぐらいにしてほしいです（笑）。

縮小する皇室なら京都への移動も可能

井上 江戸時代は天皇の扱いがひどくてね、外へ出たらあかんのですよ。

工藤 先ほど洛中とか洛外とかってお話ありましたけど、要するに天皇、帝も洛外に出ちゃいけなかった。

井上　帝は、そもそも御所から出たらあかんのですよ。火事で御所が焼けたときだけは出られたんですけどね。被災地へのお見舞いなんか、論外ですよ。

工藤　江戸幕府が、そういう方針だったんですか。

井上　天皇がほかの大名家と接点持つなんてことを、やっぱり嫌がったんです。誰かに担がれるかもしれへんということで。だから閉じ込めたんです、御所に。

宮家なんかは洛中をうろつくことが認められました。でも、洛外との往復は日帰りしか許されません。何代目かの桂宮さんがね、今桂離宮といわれてる桂宮家の別荘で朝を迎えたいと思わはったんです。でもそれは洛外での宿泊になるから、京都所司代の規則にはなじまない。洛中から洛外へ出るぐらいは許されるけども、泊まっちゃいけない。その日のうちに帰らないと、幕府の規則にはもとるわけです。

相当粘り強く交渉した桂宮何代目かの方がいらっしゃった。京都所司代が音を上げてね、「分かりました。でも届けは日帰りにしてくれ。その代わり桂の別荘へ行って、もう歩けなくなったことにしてほしい」と。

工藤　そういう手を考え付いた方は賢いですね（笑）。

井上　まあ、お役所仕事ですね。規則に通じた人は、抜け道を見つけるのも上手なんでしょう。話を戻しますが、今の警備状態で皇室が京都に戻るのはつらいと思う。京都は、一地方都市です。東京なみの皇室警護を貫徹させる力はありません。

たとえばベルギーのお姫様なんか、自転車に乗ってスーパーへ買い物に行ったはるじゃないですか。皇室がああいうふうになれるのなら、京都の街で暮らさはる分にも問題はなかろうと思います。でも、なれへんやろうな。

工藤　ただ天皇皇后両陛下と愛子さま、それから秋篠夫妻と悠仁さまぐらいしか、もう天皇家は残らないと思うんです。上皇ご夫妻や常陸さまご夫妻はもうお年だから亡くなられるだろうし、三笠宮家も女性ばかりですから、わざわざ京都へ移動されなくても良いでしょう。天皇家の2家族ぐらいだったら何とかなるんじゃないかと思うんですが。

井上　2家族ぐらいなら何とかなりますよ。警察がついてこないのなら。

工藤　はい、ついてこなくてもね。まあ皇宮警察を刷新なされればなんとか。

井上　警衛陣は、ひらたく言えば用心棒ですが、ついてくると思うよ。

工藤　でも、その手続きしてるあいだに、愛子さまは大きくなるじゃないですか。学習院卒業後はヨーロッパに4、5年は留学なさるご意向みたいですし。慌ててご結婚なさる必要はないでしょう。

いずれにせよ皇室は、縮小の傾向にあるわけです。縮小していくなら、いいんじゃないかと思うんです、京都へのご動座は。うちなんか貧乏っちい庶民ですけど、若い頃は小さな家買って、なんとかもう少し広い家に移りたいって中くらいのペンシルハウスへ移って。でも、もうちょっと大きいのにしようとか言って本もいっぱい置ける家に引っ越したんですけど、はっと気がついたら2人ともジジババになってて。

子供達もそんなに遊びに来るわけじゃないし、お客を招待する体力も経済力もなくて。これじゃあ売って小さいとこに住むほうが効率がいいと、マンションに移ったんです。それでよかったね、と言ってるわけです。庶民だから、身の丈に合った暮らしをしなければと。

皇室も日本の国柄や経済力、気候変動、人口減少とか考えて、うまくダウンサイジングしながら京都に移っていらしたらどうかと思います。だって皇居なんて、あんなだだっ広いとこ、これからどうするんですか。しかも改装だリフォームだ維持費だと、すごく経費がかかって。今の時代は、国民はそんなお金は使えないとクレームばかり出します。

井上　皇居が空いて、土地が売りだされれば、不動産業は活気づくでしょうね。

工藤　ものすごく広いですからね。その中で自然が残っている地区は、ある程度手つかずにして、子供たちが自然に触れられる公園とかにする。あとは高層ビルでもバンバン建てたり、正倉院の現代版を作るなど、有効な使い道を考えて日本経済の活性化に寄与してほしいです。もう「皇居が見えるからダメだ」なんて言われることはないでしょう。北の丸公園なんて、マンションにはとてもいいかもしれない。

皇居近くに高層ビルがある東京、町中に高層ビルがない京都

井上 「皇居が見えるからダメだ」って言われたのは、東京海上火災の本社ビルが建ったときだけじゃないでしょうか。今はあの辺りが超高層の林立するビル街になってますよね。結局あれ以降、皇居への眺望は誰も咎めなくなりました。

工藤 咎めないんですか。

井上 はい。丸の内には、皇居が見えるのを売り文句にしているホテルもある。

工藤 パレスホテルですね。

井上 比べてください。パリのルーブル宮殿では周囲に超高層ビルなんて建たないじゃないですか。もう国王なんていないんですよ。170年以上前にいなくなってるのに、超高層は旧王宮のそばだと許されません。やっぱり日本のほうが、建設ははるかに自由なんですよ。ロンドンのバッキンガム宮殿だって、脇には超高層ビルがないじゃないですか。まあ、バッキンガムには王がいますが。

東京海上火災のときに皇居の見わたせることが問題になって、当時は「日本に残る菊筋の嫌な力」などと言われました。でも、今は菊筋を公然とないがしろにするホテルさえ、まかりとおる時代なんですよ。

工藤　京都の御所の周りは、今どういう感じなんですか。

井上　京都には超高層ビルがないんです。

工藤　つくっちゃいけないんですか。

井上　京都人が「京都」と認める地区には高さ制限があって、できません。規則をゆるめた時期もありました。その例外的な時期に、60メートルのビルが認められています。ホテルオークラ京都や京都駅ビルがそうですね。だけど、これらもいわゆる超高層じゃありません。東京だと中層ビル扱いになるでしょう。そして、今はそれらもまた建てられなくなりました。でも、あるエリアから外には建ってます。たとえば京セラの本社ビルとかね。つまり「洛外でならどうぞ」、超高層ビルはそういう扱いを受けることになります。ハイウェイも、洛中をとおれません。「東寺の手前で下りてください」って十条ぐらいから地上に下ります。

工藤　十条から外だったら、いいわけですね。

井上　はい。南側の久御山には、大きなジャンクションができています。城陽でもこしらえだしている。確かに、東京と比べれば、洛中は不自由です。しかし、イタリアの古都と比較をすれば、かなり自由です。フィレンツェやヴェネツィアに高速道路って考えられます？　ローマのコロッセオ横だと横断陸橋でさえあり得ないでしょう？　かろうじて京都市は「せめて洛中ぐらい守ろうよ」と思ってるんやけど、その洛中でもこのありさまなんですよ。

工藤　町家がビルになって、ホテルになっちゃうんですね。

井上　で、取って付けたような瓦ね。

工藤　じゃ、昔を知ってる人から見ると、洛中でもすごく変わったわけですね。

井上　まあヴェネツィア辺りと比べれば、見る影もなく変わってます。でもそれが日本なんですね。京都も日本の街なんですよ。

工藤　そうするとマンションを買うってわけにいかないんですね、京都で。

井上　マンションはありますよ。この四条新町辺りにもいっぱい。

工藤　でも高くないんですね、背が。

井上　背は高くないですね。

工藤　背は高くないけども、あるわけですか。そういう生活を選ぶ人もいるんですか。

井上　そうですね、超高層マンションだから立派という感覚は、あまりこの街にないと思います。

工藤　かえって町家とかのほうが高いですか？　売り物件自体ほとんど出てない？

井上　売り物件は、けっこう出てるけれども、あんまり住み心地はよくないですよ（笑）。

工藤　そうなんですか。先生が今お住まいなのは、近代的なお宅ですか？

井上　まあ、地元の大工さんに建ててもらった家ですけれども。

工藤　そうすると和風のお宅でいらっしゃる？

井上　和風とも言い難いけど、ごくごく標準的な今の家屋です。

工藤　それは利便性を考えて？

井上　うちね、ちょっとほかと違うのは、たとえばソーラーパネルが載せられないんですよ。宇治川沿いにあって。宇治川は琵琶湖から水が流れていて、敷地を購入したとき気づいてなかったんですけど、琵琶湖国定公園の中に入ってるんですよ。

工藤　それ、土地でお買いになったんですか。それともすでに家はあった？

井上　家はあったんだけど、建てなおしました。地球に優しくしたいという思いもあり、屋根にソーラーパネルを付けたいと宇治市役所へ申請したら、それはダメだと。国定公園内の景観をそこねるから、認められないわけです。だから地球に優しくすることと、地域の景観に優しくすることは両立しないのがよく分かった。東京都知事は新築住宅にパネルを載せろと提唱しはるぐらいやから、あんまり景観保全地区はないんだろうなと思いましたね。

工藤　東京はもともと景観はあまり期待できない都市で、利便性が売りじゃないでしょうかね。まあ奥多摩とかまで行けば、あるかもしれませんけど（笑）。

日本人は本当に同調圧力の強い民族か

井上　まことちゃんハウス訴訟でも、楳図かずおが勝ったじゃないですか。

工藤　すごいですよ、あの家（笑）。

井上　吉祥寺ですか。

工藤　吉祥寺です。私一時期住んでて、マンションの一番上に住んでたので目の前に見えるんです。やっぱり目立ちます。

井上　でも裁判所は、あの家を認めました。吉祥寺はあの家を特別風変りだと決めつけるような景観になっていないというわけです。

工藤　それはそうだと思います。もう本当にない。あれをダメと言うのはおかしいです。逆に個性的な家で、素敵だなと私は思いました。それに写真で見るほどは大きい家じゃないんです。

井上　でもあれは京都だと建ちにくいかな。フィレンツェでは絶対無理やね。まあ、建築に関するかぎり、日本は相当自由度の高い国だと思います。日本人は付和雷同しがちだとか、主体性がないとか、同調圧力が強いと言われるじゃないですか。でも、たとえば銀座を歩いて思うけれども、同調圧力の軍門にくだってるビルなんてない。隣のビルと合せるつもりなんか、全くないビルばっかり。自己主張の塊です。

工藤　しかもそれが、すごい広い土地があってのビルなら分かるんですけど、本当に猫の額みたいなところに建っている。

井上　小っちゃいビルも、外観では威張ったはるのが多いじゃないですか。

工藤　小っちゃいビルでも、すごく勝手なものをつくるんですよね。むしろ土地が小さい分だけ目立ちたいのか斬新なデザインにしたいのか、勝手気儘です。確かに東京ほどお隣さんを気にしないで、好きな家建てる都市って珍しいかもしれません。建て替えるときも全然気にしてないですもんね、周りの景観を全く。

　街の景観っていう発想は、私カナダで知りました。昔バンクーバーに住んでいたんですけど、新しい街なのに規則は厳密でしたね。ピンクのタウンハウスが建つとなったら許可が下りないし、洗濯物も外に干しちゃいけないんです。そんなこと知らないからベランダに小さいソックスをちょっと干したら、もうお隣さんが飛んで来て「あなたは規則を知らないんですか！」って、めちゃくちゃ怒られました。東京は雑駁な街で、その雑駁さが戦後の日本を立て直した生命力だと感じます。

井上 パリですが、オペラ座の周りに建つビルは、みな似たような形や色でととのえられていますす。あちらこそ、同調圧力に屈してるんじゃないですか。

工藤 リフォームするときも絶対、揃えるとかやりますもんね。あれは条例とかもあったりするんですか？

井上 もちろん規則も厳しいんですけれども、その規則を成り立たせるのは、やっぱり人々の「妙なものはつくらないでおこう」という意識です。公共心ですね。私はわが民族の同調圧力がそんなに強いと思えないんですよ。ＯＬの方たちを見ても、分かりますよね。自分と同じ服を着ているＯＬがほかにいたら、不満をかくさないでしょう。同調圧力の強い民族が抱く感情だとは思えない。「同調なんかしてたまるもんか！」と、彼女たちは思っているんですよ。

工藤 今回、新幹線で京都に来るとき、車内の女性たちが、こっちもあっちもルイ・ヴィトンのバッグを持ってるんですよ。「なんでこんなに後生大事にルイ・ヴィトンなんだろう。日本人好きなんだな」と思ったんですけど、よく見るとそれぞれデザインが違うんです。草間彌生とのコラボとか、最新の長方形のスタイルとか。同じ形のを持ってる人はいなかったです。

ちょっと変えることに、意味があるみたいですね。昔の江戸っ子がチラリとしか見えない根付けに大枚はたいて、同じ動物のモチーフでも作者がすぐ分かるものを持って、密かに粋がるのと似ている気がしました。「私は特別で、同調圧力に負けていませんよ。でも流行はしっかりフォローしてます」みたいなメッセージをひしひしと感じました。京都の町なかも同調圧力とか全くなく、ファッションはみんな好き勝手ですね（笑）。

井上　まあ、全くないわけではないです。この頃、京都市は以前と比べれば、景観面の指導にも力を入れたはるので。

工藤　市長さんは、どんな方なんですか。

井上　もともと、教育委員会の人ですね。

お坊さんのデートの勝負日は12月24日

工藤　皇室の話に戻すと、占領下の日本でマッカーサーは、キリスト教を広めようと必死になっていたと思うんです。記録によると聖書を大変な部数輸入して、宣教師もすごい人数を日本へ送り込んでいます。結局、根付かなかったわけですが、皇室についても同じような考えがあったように思います。

つまり天皇の弟にあたる秩父、高松、三笠の三宮家以外を全部臣籍降下させて平民にした。華族も近衛、一条、九条、鷹司、二条の五摂家をはじめ、根こそぎ一般人にした。それってマッカーサーの陰謀じゃないか。

将来的に皇室はなくしたいんだけども、占領直後に「なくせ」とは言えなかった。なくすともう大変な騒ぎになるから。でも直宮だけ残しとけば、いずれ先細りでなくなると読んだ。まさに彼の陰謀通りに今なろうとしてると感じます。

井上 上皇の少年時代に家庭教師だったエリザベス・ヴァイニング夫人は、その先兵だったんですか。

工藤 そうです、そうです。ヴァイニング夫人は敬虔なクエーカー教徒で、教会の広報部のようなところにいた人です。その上、当時の皇太子にジミーというアメリカの名前をつけたり、まさに超優秀な宣教師のような方でした。

関係ないですけど、ものすごく美人でしたね。その辺のことは先生の『日本人とキリスト教』から知りました。

井上 私はね、日本人はけっこうキリスト教を受け入れてると思うんですよ。京都女子大学という、西本願寺がやっている学校があります。ここの女生徒たちは、自分たちのことを「3B」と言ってるんです。「ブサイク、貧乏、仏教」。彼女たちは同志社女子大学を羨ましがってるんです。「かわいい、金持ち、キリスト教」で「3K」だと。

しょうもない調査やと思うんですが、読者モデルを出す雑誌ってあるじゃないですか。『CanCam』とか『ViVi』とか『Ray』とか。あと、『JJ』かな。大学生の場合、フェリス女子とか学籍を書いてあるので調べていったら、圧倒的にミッションスクールが多い。仏教学校は、もうダメ。あの世界ではキリスト教が仏教に圧勝してる。

工藤　皇室はその上に神道がありますから、さらに不利ですね。でも先生、それは理由があると思います。もともと日本には津田梅子とか、明治や大正の時代から女子校を開いて一生懸命やってきた女子教育者たちがいました。実践、山脇、大妻、三輪田、跡見、川村とか。マッカーサーはそういう学校の創設者や後継者の校長をみんなパージしたんです。公職パージじゃなくて教職パージして、責任者を全員辞めさせたわけです。その上で東京の場合、聖心とか清泉とか雙葉とかに莫大な寄付金を投下したんです。ものすごい額で、以前調べたことがあるんですけど仰天しました。だから富裕層の上品な令嬢は、みんなそっちに行っちゃったわけです。

井上　京都にはナントカ猊下とか言われるような、偉いお坊さんがいるんです。みんなとは言いません。だけど、私の知ってる範囲では、娘をキリスト教の学校に入れたがる人が多いんです。仏教なのに。

工藤 そう、全くおっしゃる通り。東京も、そうです。昔から皇室関係者のお子さんって、聖心とか雙葉に進学されることが多いんです。先日も「娘をどうしても聖心に入れたい」とおっしゃる宮内庁にお勤めの方がおられて、「学習院にやればいいじゃないの、おじい様の代から皇室にお仕えだったのに」と言ったら、「いや、どうしても、いくらお金積んでもいいから聖心に入れたい」と。そういう方が、けっこうおられるみたいです。

学習院は今は偏差値が大変に高いですが、美智子さまが妃殿下になられてからは、やはりカトリックの女子校が人気らしいです。私の世代くらいからは皆さん憧れたものです。だから、先生のおっしゃる通りです。

井上 しかも今、京都の若いお坊さんたちがデートで勝負をかけるのは、12月24日なんです。釈迦の降誕祭である4月8日は、眼中にない。確かにキリスト教という信仰は広まらなかったけれど、風俗と化したそれは普及した。

工藤 私がクリスチャンの学校を目の敵にしてるのは、出来が悪かろうが何だろうが、聖心は戦後になって、妃殿下を3人輩出してるんですよ。学習院じゃないんです。美智子さん、三笠宮のお宅の麻生太郎さんの妹さん、高円宮の妃殿下も聖心出身です。雅子さんも雙葉ですから、クリスチャンの学校です。学習院からもらってほしかったですよ、私としては（笑）。ただ、今はとにかく男女共学の私立が人気とは聞きます。

私の母の実家は墨田区の両国なんですけれど、母のお友達でご近所だった方が娘さんを学習院に入れたいと思ったんですね。娘さんは団塊の世代くらいですかね。ところが「川向うにお住いのご家庭のお嬢さんは入れません」って受験の前に断られたそうです。「隅田川を超えると、そんなに差別されるんだ。住んでいる場所って面倒なんだ」と私は驚いたのを憶えています。

ミイラ取りがミイラになった大谷光瑞法主

井上　本願寺の讃仏歌ってご存じでしょうか。

工藤　知りません。何ですか。

井上　讃美歌ではなしに、讃仏歌。仏を讃える歌。特に西本願寺で盛んです。

工藤　讃美歌に対抗するつもりで作ったんですかね？

井上　作ったんだけど、曲はリズムもメロディーも賛美歌風。親鸞の七百五十回忌を寿（ことほ）ぐ『本願力にあいぬれば』もミサ風ですね。たとえば「♪ア～メン」というふうに「♪な

～むあみだ～ぶ」。

工藤　ウソでしょ、先生そんなの！（笑）。

井上　本当です。彼らの儀式を見ると、まるでミサです。だって築地の本願寺へ入られたことあるでしょう？　そうとう立派なパイプオルガンが置いてあるじゃないですか。パイプオルガンがなんで本願寺に（笑）。

工藤　建物からして変でしょう。どこか異国の教会みたいですもんね。

井上　京都の知恩院が、あれを見て憧れたんですよ。うちでもパイプオルガンを置きたいって。だけど建築構造上の難点があり、あきらめたとか言ってました。

工藤　昔、本願寺に大谷光瑞って法主がいたじゃないですか。あの人なんて、めっちゃくちゃでしたよ。大谷探検隊とか作って、西洋への憧れがすごかった。バカみたいに大金使って、西洋の粋を集めたとかいう建物をつくった。最後は維持できなくて、朽ち果てたわけですけど。

井上　本願寺はキリスト教が入ってくるにあたり、防波堤になることを期待された宗派なんです。だから敵となるキリスト教のことを勉強したんだと思います。で、ミイラ取りがミイラになった。

工藤　全くおっしゃる通りですね。でも、ものすごいお金持ちだったんですよね、いっとき本願寺さん。

井上　そうですね、貴族ですよね。一方で比叡山は、天台声明（しょうみょう）という全然西洋的でない音楽を保ったはるんですよ。それが彼らの誇りなんです。真言とか天台のプライドやね。「うちは本願寺と違い、讃美歌なんかに毒されていない」というわけです。その声明を続けたはるお坊さんから言われました。「今度ドイツで、どこそこ教会のグレゴリアン・チャント（グレゴリオ聖歌）と一緒のステージに出るんだ」と。誇らしげに自慢をしたはった。結局、キリスト教とのつながりをよろこんでいる。

工藤　それが誇りというか、喜びなんですね（笑）。

5章　京都の「いけずロ」の正体

長男が跡を継がない商家はどうするか

工藤　先生にひとつ伺いたいのですが、京都の家の継ぎ方って、どのようになっているのでしょう。

井上　それは「継ぐに値する家」を持ってる人たちの話ですね。一般庶民じゃなしに。

工藤　天皇家とか公家さんとか、場合によっては商家ぐらいまで広げて。

井上　町方でもね、基本的には長男に継いでほしいんですよ。そういう考え方はもちろんあります。だけど長男が必ずしも適役じゃないわけですよ。たとえば伊藤仁斎という大学者が江戸初期の京都にいたんですが、彼は堀川通の材木屋の息子なんです。堀川下立売かな。伊藤仁斎自体は大変な儒学者で門人もけっこういたんですが、材木の商いはやりたくないんですよ。

工藤　なるほど、材木屋の長男だった。

井上　跡取りなんです。私たちが高等学校で与えられる教科書に、伊藤仁斎は学問を究めた人として名前が残ります。しかし、材木屋の伊藤家にとって、こんな迷惑な人はいなかった。幸い伊藤家には弟がいて、この弟はお兄ちゃんを敬っていたらしいんですよ。伊藤家の一角に仁斎の学問塾を設けて、材木のほうは弟が引き継ぐんです。

でも継ぐべき弟がいないおうちもありますよね。ですから、娘さんに有能な番頭をあてがうとか、「あいつはできる」という噂のある男を養子で迎えるとかいうケースは、ままありました。

工藤 そこの店に勤めてるわけじゃなくても?

井上 勤めてるわけじゃない場合でも、商人同士の間にお互いを助け合うネットワークがあったんでしょうね。たとえば「うちの長男は頼りない。弟も道楽者や。娘はいないし、婿取りもむずかしい。どこかにええ養子の話はないやろか」みたいな相談はできたんやないかな。

工藤 長男は継ぐ気満々でも、ちょっと頭が悪そうで、こいつは商売はとても無理だなと思ったら(笑)。

井上 そういう例もあったと思います。伊藤仁斎なんかは後世に名前を残して、ましなほうなんですが、後世に名を残さない道楽者はいっぱいいたと思います。10代半ばから芸子さん遊びに目覚めて、もう家業なんか全然あかんという。

工藤 早い話が、不良債権同然の子供がいた家もけっこうあったのですか。

井上 けっこうあったと思います。今も京都から出るミュージシャンとか芸能人とか、ままいらっしゃる。大抵のサラリーマン家庭だと、息子が「ミュージシャンになる」と言いだせば反対するでしょう。ところが跡継ぎ問題を抱えてる京都の老舗は、しばしば歓迎するんですよ。

「ミュージシャンになるというけど、どうせなれない。この家へ戻ってくるに決まってる。一度自由を夢見てあきらめたやつのほうが、不満を抱かずに働いてくれる」。ほかにやりたい夢を持ってるのに親から抑えつけられた子は、いつまでも鬱屈を抱きかねない。でも、うちの親は一応ミュージシャンになる道を許してくれた、しかも、出戻りの自分を受け入れるという。ありがたい。これからは実家の仕事にいそしもうというわけです。

老舗にとって一番困るのは、可能性のある夢なんです。「親父、俺は勉強して医者になる」。これは勉強のできる子やと、リアリティがあるじゃないですか。もちろん、ミュージシャンも全然可能性がないわけじゃないけど、まあ十中八九、失敗して帰ってくる。

工藤　医者や学者だったら、なってしまうかもしれないからまずい（笑）。

井上　小さいときに見たテレビドラマで、たとえば弱い人のために頑張る弁護士にときめいた。「俺は法律を勉強して、弁護士になる」。それって勉強次第では、なれますよね。なってしまったら、もう茶を商ってるこの店は継いでくれないですよ。

工藤　そうなんですよね。それが問題なんですね、古いおうちは。

井上　同じような話で、伊藤若冲という絵描きさんが江戸時代の、こちらは中期にいました。若冲は錦の高倉辺りにあった青物問屋のボンなんですよ。確か30歳代までは、その青物問屋の勤めをしていたんです。絵も描きながら。だけど、どうしても絵に専念したかった。

工藤　あれだけの才能ですもんね。本人がそう考えて当然ですね。

井上　若冲の絵を贔屓にしてくれるお寺もいくらかあった。そのため、若冲は画業で食いつなぐことができたんですよ。青物問屋にとっては迷惑な話で、「うちの息子の絵なんか買うな」と言いたいところやけど。

工藤　青物問屋は、じゃあお父さんがやってたわけですね。

井上　お父さんがやってたのかな。ある時期までは。だけど、ここもありがたいことに、弟が跡を継いだ。でもそれは子沢山時代の話なんですよ。男の子が2、3人、女の子が2、3人いれば、まあ誰かが継いでくれるというわけです。今は一人っ子、せいぜい2人。しかも、養子という習慣は相当レアになっている。どこも跡継ぎ問題で困難を抱えていますね。

京都の「いけず口」にも理由がある

工藤　子供に期待しても継いでもらえないし、もう自分の代で閉めようと。

井上　けっこうありますね。先に紹介した杉本秀太郎先生のお父さんが、杉本家についての本を書いておられる。そこで、おっしゃられているんですよ。どうやら自分の代でこの店はしまいだと（笑）。秀太郎氏は京都の奈良屋という、非常に立派な呉服問屋の長男です。奈良屋といっても奈良に謂れがあるわけではありません。ルーツは近江だと思います。

工藤　杉本家って、知らない人がいないぐらい、大変有名なおうちだそうですね。

井上　知らない人はいると思います（笑）。でも家は立派、祇園祭を執行する地域の真ん中という、本当の町なかにあって、1000坪近い土地を持ってますから。

工藤　そうそう。おうちが、またすごいんですね。私、『家庭画報』のグラビアでおうちや、ご一族が登場している写真を見ました。「ザ・日本の旧家」っていう感じで、すごいなあと感嘆しました。

でも杉本先生にパーティーで昔お会いしたときは、全然そんなふうに見えなくて、ただ西洋帰りの学者さんという印象を受けました。失礼ですけど、有名な方って知らなくて。

井上　あそこの家は、番頭と揉めたんです。杉本家側の言い分に立てば、番頭に乗っ取られかけた。それで訴訟になって杉本さん、裁判所にしばしば通ったはった。私はあの杉本先生に、文人肌の人でしたから、訴訟沙汰がこなせるとはとても思えなかったので（笑）、妙に感心したことを覚えてます。

工藤　私はあの先生、ちょっと変わった面差しで浮世離れなさっているというか、良い意味で生身の人間じゃなくて肖像画みたいな感じがしました。

井上　そうですね。でも僕は彼の書く文章に敬意をはらってきました。たいへんな文の技、まさに文芸なんですよ。

工藤　確かに文章はすごいです。だけど、そういうの全然知らなくて、日文研（国際日本文化研究センター）のパーティーか何かでちょっと立ち話してたら、「工藤さん、あんた知らないでさっきからペラペラ喋ってただろうけど、すごいうちなんだよ、あの先生のうちは」って言われました。

井上　「もうちょっと商才があれば、高島屋か大丸になるぐらいの家」と言う人もいますね。

工藤　じゃあ歴史的にもかなり昔からあるんですか？　室町とか。

井上　そんなには遡らないです。京都に来はってから二百数十年じゃないかな。

工藤　二百数十年でも、京都では全然ですか（笑）。じゃあ江戸期ぐらいからって感じなんですね。

井上　僕が杉本家住宅へ初めて行ったのは学生時代なんですよ。

工藤　えっ、住宅を見にですか。

井上　はい、建築学科だったので。京町家の調査です。実測測量をしたり、写真撮影をしたり、ご当主にお話を伺ったり。「井上君は京都弁だから、最初の交渉役にいいだろう」ということだったのかな。ゼミを率いておられた上田篤先生が私に下交渉の役をあてがわれました。

私は、意気揚々と杉本家へ伺い、杉本さんとも挨拶をいたしました。僕がくりだす京都風の喋り方に興味を持たはったんでしょうね。杉本さんが「君、どこの子や」と言わはる。僕が「嵯峨です」と答えたら、「ああ、懐かしい。昔、あの辺の百姓がようちへ肥を汲みに来てくれた」と言いかえされました。

工藤　『京都ぎらい』に「生涯忘れない」と書いておられたエピソードですね（笑）。先生、京都の人は「いけずを言う」っていうんですか。東京だと「嫌味を言う」というふうに考えればいいいんですかね。

井上　嫌味といけずに、どういう違いがあるのかは私にも分かりません。似たようなもんだと思います。ただ、あのくだりを読まれた方々から、よく聞かされましたよ。「俺なんか杉本さんには、もっとひどいこと言われた」と。

僕も当初はムカつきましたが、考えてみると私たちにも言われるだけの理由があるんです。杉本家には、それこそ『家庭画報』はじめ、東京からの取材もいっぱいあるんです。「京都の伝統、素晴らしいですね」という言葉も、杉本さんはうんざりするぐらい聞いたはるんです。

300年近く続いたおうちですよ。やかましい親戚、口うるさい古くからの取引先にかこまれています。守るべきしきたりやならわしも、たくさんあるでしょう。そんな中でどれだけつらい思いをしてきはったかに思いを致さず、「京都の伝統って素晴らしいですね」と言うやつには、やっぱりムカつくと思うんです。そういうときについつい、いけず口を利きたくなるんですよ。

工藤　あ、「いけず口」って言い方もあるんですか。

井上　僕が言ってるだけかもしれません（笑）。だからマスコミの関係者は、京都の旦那衆からずいぶん意地悪を言われてると思いますよ。

京都の人は、英語も関西訛り

工藤　だけど東京の人は鈍感だから、あんまり分かんないと思います。私思い出したんですけど、哲学者の梅原猛先生のお宅に伺ったときにイギリスとかフランスとかアメリカのジャパノロジスト（日本研究家）の人たちが来ていて、それから舞妓さんにおばあさんがついて来てました。私は前の主人がブリティッシュコロンビア大学で教えてたので、なぜか一緒にくっついて行ったんです。今考えると、それも非常識なことだったのかもしれない。ほかに奥さん連れて来ていた人、いませんでしたから。

なにしろこっちは25、6歳ですから、何も分からず「へぇー、これが本物の舞妓さんだ」とか思って見惚れていたら、突然皆さんの自己紹介が始まったんです。誰がどこの大学のプロフェッサーでとか、アソシエイトプロフェッサーですとかって次々とおっしゃって。そうすると梅原先生が私を見て突然、「あなた外交官の娘さんでしょ」と言ったんです。そんなこと言われたの生まれて初めてで。私、英語が全然できなくて、外国人を見ると後ろ向いてトイレ行きたくなる人なんですよ。実家もいわゆる下流で下品です。

井上　それは、なかなかつらい場面ですね（笑）。

工藤　そうですよ。英語恐怖症で、カナダの大学で、いくら勉強してもＡなんてもらったことないんです。Ｂがやっとなんですよね。というぐらい英語はダメな人。それで、なんで外交官の娘さんと言われたんだろうって、ずっとずっと分かんなかった。

でも井上先生のお話を聞いて、初めて分かりました。雅子さまが婚約記者会見したときにみんな言ったのが、「この方の日本語は、ちょっと変わってますね」って。外交官の娘さんは、私も何人か友達いますけど日本語が独特なんですよ。

井上　そうでしょうか。まあ、梅原さんも個性的な口調の方ではありましたが。

工藤　海外でずっと暮らしてるでしょ。「ドイツ語もできます」「フランス語もできます」、だけど日本語のリズムが少々変なんですよ。

井上　お言葉ですが、私も日本語はできないですよ。私が喋ってるのはスタンダードジャパニーズではないです。関西ナイズドジャパニーズ。もう30年ぐらい前ですが、ハーバード大学の掲示板にあったそうです。「日本語教師募集」。ただしと添え書きがあって「東京もしくはその近くで生まれた、正しい日本語を喋る人に限る」って。自分は宿命的に外されてるんだと思いました。

工藤　それはちょっと違うと思います（笑）。先生の場合は、それだけ京都の言葉が達者でいらっしゃる。それはアメリカ人がボストン訛りのアクセントを話すのと同じで、むしろ優越感をおもちなんじゃないかなと私は思います。もっとも標準語をお話しなさる場面は、まだ聞いたことありませんが。

井上　私はそのハーバードのあるボストンで十数分間ですが、英語のスピーチをしたことがあります。ボストン在住の日本人も、聞きに来てくださってたんです。私のスピーチが終わったあと懇親の席で、ある人が近寄ってきて「関西の人ですよね」とたずねられました。私は英語で喋ってたんですよ。

工藤　関西訛りですか（笑）。

井上　もう愕然としたわ。私はね、アメリカへむかう飛行機の中でずーっとそのスピーチを英語で反復練習してたんですよ。ほとんど寝ずに。

工藤　（笑）。でも、そうおっしゃるのは先生が謙虚でいらっしゃるからであって、別にそんなすごい訛りがあった英語ではないと思いますけど。

井上　いや、お言葉ですが、関西人というレッテル貼る人は、関西人のことを謙虚だとは思っていないでしょう。どちらかというと、厚かましい。

工藤　私は関西の方というのは、ちょっと一段東京の人より上だと、ご自身で思ってらっしゃるなって気がしてたんです。

井上　そりゃ内心はいろいろあると思うけれども、客観的に見てどちらが正しい日本語を喋ってるかというと、「悔しいけれども」という前提はつきますが、やはり今はもう東京じゃないですか。

工藤　そうですかね。でも、アメリカ人にちゃんと英語と認識されただけでも素晴らしいです。カナダにいた頃に九州ご出身の学者さんがいらして、大学で英語で講義なさったんですけど、学生が私のところに来て「彼はなんで日本語で講義してるの？　通訳がいないから全然分かんない」って。あまりにも九州訛りが強くて、私も英語とは思えませんでした。

「工藤先生は一番お金持ちやわ」の意味

井上　京都の、たとえばこの辺りでね、海外の人に日本語で何か物を尋ねられることがあります。おぼつかない日本語を喋る人に対しては「あ、違いますよ。そうではありません」というふうに答えます。だけど、かなり流暢に喋られると思わず、「あ、ちゃうちゃう、あかんあかん」となってしまう。

工藤　あ、そういうふうに出ちゃうんですか（笑）。

井上　出ますね。外国の人に対する配慮はあるんですよ。でも流暢に日本語を喋る人には、その気配りが作動しない。日本語を上手に操れる人のほうが損をしたはるかもしれへん。

工藤　じゃ、先生は東京にいらして、私や編集者さんや東京の言葉を喋る人と話すときは東京の言葉？

井上　頑張れば1、2分くらいできると思うんです。だけどイントネーションはもう変わらないです。変えられないですね。

小学唱歌の「海」がありますよね。あれに違和感持たれたことないでしょう？

工藤　ないです。

井上　あの音程はね、「海は広いな、大きいな」という標準語に合わせる形で添えられているんですよ。関西風のイントネーションで、「海は広いな、大きいな」には、なっていないんです。

工藤　わぁー、確かにそうですね。先生のイントネーションだと歌うの無理（笑）。

井上　明治国家は死に物狂いで共通語を押しつけようとしたんですよ。

工藤　つまり、そのメロディーを通して、という深謀遠慮があったんですか。

井上　小学唱歌は、全部メロディーが標準語です。少なくとも、山田耕筰のメロディーは、みなそうですね。あれは標準語を押しつけるための装置でもあったと思います。でも、そんなことに気がつくのは、おそらく東京以外の人なんです。

工藤　先生のお話伺って私、京都の言葉について次々と気づきがあります。5年ほど前に京都のある有名企業の会長さんのお妾さんの方と、英国人でやり手のビジネスウーマンと、3人で京都でご飯を食べたことがあったんです。そのときに京都のお妾さんは当然、京都の言葉ですよね。「工藤先生は、私たちの中で一番お金持ちやわ」と言ったんですよ。

変なこと言うなと思ってね。だって向こうは金持ちオーラ満載なわけですよ。お妾さんなんだから、ものすごく裕福なんです。英国人のキャリアウーマンの方だって、そうですよね。日本語ペラペラだし、エルメスのクロコダイルのバーキンを持って、指輪はカルティエのパンテールとか（笑）。

それなのになぜか突然「工藤先生はお金持ちやわ。ね？」とか英国の女性に同意を求めるんです。「そう。本当先生、お金持ちです」とかって英国人も言うわけですよ。

私はユニクロで買ったセーター着ているのですから、「それ何かの間違いだと思いますけど」と反論したんですけど、向こうはニコニコしながら譲らないで3回くらい言いました。あんまりそんなこと争っててもしょうがないから、やめちゃったんですよね、そこで話を。

そのあと1カ月ぐらい経って、東京でその英国人の女の人と会ったんです、用事があって。そしたら「工藤さん、工藤さん。あのね」って。京都のお妾さん、キヨタさんというんですが、「キヨタさんがね、『工藤先生って、ほんまに質素やわ』ってよく言ってるわよ」って言うんです（笑）。私そこで初めて「あ、もしかして貧乏ったらしい」っていうことなのかなって。そうなんですか？

井上　いや、その場のやりとりを聞いてないし。それこそ音程とかからね。

工藤　あ、そういうので分かるものなんですか。

井上　まあ、そうでしょうね。

工藤　はぁー。私には高等技術すぎて、とってもついていけません。

言葉に裏表があるのは全国同じ

井上　京都の言葉はよく「裏と表がある、気をつけましょう」と言われますよね。「ぶぶ漬けでもどうどす？」という一口断（ひとくちばなし）を例に出しながら。でも東京も同じだと思いますよ。出版社からの原稿依頼ってたいてい「ご玉稿を頂戴したい」って書いてありますよね。だけど、心の底から「ご玉稿」と思ってるはずがないじゃないですか。

工藤　絶対ない（笑）。できればボツにしようと思っている。あるいは書かせたら俺のほうがずっとうまいのに「チッ」とか舌打ちしてる。

井上　絶対ないでしょう？　別に京都だけじゃないんですよ、それは。社交をしながらやる仕事、営業的な仕事はみんなそうなんですよ。

工藤　ただ先生、今の若い編集者さんは「ご玉稿」とは言わないですよね。「お原稿をお願いします」がせいぜい。

井上　まあ、そうだとしても、彼らの世代なりに「ご玉稿」めいた言葉はあるんだと思います。私にとって印象的だった体験を語ります。『霊柩車の誕生』という本を出すときに担当してくれた編集者がいて、東京で約束の時間に彼のところを訪れたんです。ところが、そのとき彼は時間が捻出できず、私は「しばらくここで待ってくれ」と言われたんです。オフィスを区切るパーティションの脇でした。そのパーティションの隣りから編集会議が聞こえてくるんです。京都についてのムック物を出すという相談でした。誰に原稿を書かせようかが討議され、僕も知ってる名前がいっぱい挙がるんですよ。

工藤　先生がそこにいることは知らないんですね。

井上　知らないんです。私はパーティションの向こう側でひっそり、聞き耳を立てていました。何の誰それ、「あいつの原稿は思いつきだからダメだ」とか。

工藤　批評をその場でやるわけですね（笑）。

井上　そうそうそう。「ダメだ」という会議なんです。

工藤　企画会議はそんなものなんでしょうね。

井上　「あの人に蘊蓄はいろいろあるけれど、まとまりがない」とかね。私の知ってる大先生が概ねボロカスに扱われていたんです。ところがね、それからしばらくしたら、その本が出たんですよ。例の会議の席でボロカスに言われていた人たちが、ラインナップに入っていました。

工藤　なんでですかね、それは。

井上　「ご玉稿」を賜ったんでしょう。

工藤　（笑）。だから内輪同士では相当ひどいこと言ってるのは間違いないですね。

井上　でも、それを外に出さないように、執筆者の前だといろいろ言葉で包むじゃないですか。そんなの要するに営業仕事の宿命ですよ。どうして京都人にだけ「あいつらは腹黒い」というレッテルを貼るのか。スケープゴートになってるように思えてならないです。

工藤　でも先生の『京都ぎらい』を読むと、やっぱり京都の人は「腹に一物あるんじゃないか」って思ってしまいます（笑）。それから批判の仕方が東京より奥が深くて、言葉に出すときも一段か二段、込み入っている印象があります。つまりハラワタの巻き方が、もっと複雑。

井上　まあ京都の人は京都の人なりに、腹に一物を持っているでしょう。特に家の跡継ぎ問題に関しては、ほかの地方ではないような思いを抱えてると思います。ですが、「裏表が違う」ということ自体は、全国の営業仕事に共通していると思います。お商売をしてるところなら、大なり小なりある話。

工藤　でも京都の方は、しつこくお聞きして申し訳ないんですけど、天皇家の跡継ぎに関して、いろいろ話題に挙げるってことはないですか。

井上　話題に挙げはる人も、いるのかもしれないですね。わが家では、ほとんど語られないなあ。そもそも、あまり私が興味を持ってないせいかもしれません。かみさんは興味を持ってても、私の前では遠慮してるのかもしれません。

工藤　優しい奥さんですね（笑）。

6章　天皇の力の源だった「美人力」とは

『日本書紀』から見てとれる応神天皇の出自

井上　皇室の跡継ぎ問題に関しては、私もちょっと勉強したんです。昔の神話ですけど、神功皇后という人がいらっしゃいますね。

工藤　女性なのに出征した。しかも妊娠してるのに（笑）。

井上　その妊娠なんです。神功皇后は、仲哀天皇のお后なんです。「新羅征伐をしましょう」という神がかりがあったときに、仲哀天皇は嫌だと断った。海を見ても、そんな国は見えない。そんなところへ行く気がしないと断ったんです。ところが、そのおかげで彼は亡くなるんです。

工藤　病気で死んじゃうんですよね。臆病な男の人っていう印象が強いんですけど。

井上　まあ、神のお告げに逆らったせいなんですけれどもね。

工藤　あ、そういうことなんですか。

井上　で、神のお告げに従って、お妃の神功皇后は武内宿禰を伴って半島へ攻め上るわけです。そして見事に目標を達成して日本へ帰り、次の天皇、応神天皇を産むわけです。このあいだ10カ月あるんですよ。仲哀天皇は本当の父かどうか怪しいということが『日本書紀』に堂々と書かれてるわけです。

工藤　そうか、亡くなって10カ月ですか。

井上　読みようによっては、武内宿禰こそが父なんじゃないかと。

工藤　すごい長いあいだ妊娠してたことになってるんですよね、あの人。そんなに長く赤ちゃんがお腹にいられたのかなって、私も奇妙に感じたのは憶えています。戦の間は腹帯をぎゅっと何重にも巻いていたとか。だから肝が据わった偉い女性だって絶賛する文献もありますね。

井上　そうも読めます。だけど、仲哀天皇は本当の父じゃないと読み込まれる危険性もないとは言えへん。ただ武内宿禰は第8代孝元天皇のひ孫となってるので、一応、王家の血筋は保たれることになります。まあ皇統というのは、けっこう危なっかしいという話です。

工藤　全くおっしゃる通りですね。だって昔の天皇の年齢なんて、すごく長く生きたことになってますよね。神武天皇なんて137歳とか127歳といわれて。考昭天皇だって113歳だし、ほかにも168歳とか、とんでもない寿命の天皇がいるし。だから神功皇后の妊娠期間も、ある程度サバ読んだのかなと思っていました。

話が飛びますが、新潟に「越後のミケランジェロ」って呼ばれた雲蝶っていう彫刻家がいたんです。幕末から明治の人ですね。この人が新潟の三条にあるお寺に、神功皇后の彫刻を残しているんです。私はこの神功皇后が好きで。赤ちゃん抱いてオッパイなんか出して、なかなか母性に溢れてるんですが、けっこう色っぽいんです。傍に武内宿禰が腰をかがめていて、これがまあ忠義者だけど、貧相なお爺ちゃんに彫られている。

それからちょっと興味持って、神功皇后の肖像画をいくつか見たんです。確かに、いつも武内宿禰が傍に控えています。でも、やっぱり格好悪いんです。いくらなんでも、これとはなかっただろうと勝手に決めつけていたんですけどね。

井上　いや、武内宿禰とのかかわりを隠すんじゃなしに、堂々と『日本書紀』に書いている。不義の可能性が暗示されかねない記述に、なかなか唸らせるものがあるわけです。『日本書紀』自体には、後世がこしらえたような図解、イラストなんか添えられていませんしね。『源氏物語』もそうじゃないですか。光源氏は桐壺帝の息子で、王位には就けないから源氏という身分に落とされるわけですよね。そして光の君は、父が後妻で迎えた藤壺に惚れるわけです。のみならず、ついつい、いけないことをしてしまうわけですよね。で、子供が生まれる。その子が後の冷泉天皇になるわけです。生まれた子供を見て、父の桐壺帝は光の君に言うじゃないですか。「お前そっくりだね」って。

工藤　確かにこれはリアルタイムでの嫌味と読めて、面白いです。

井上　光の君は中年になって、三宮というお姫様を迎えるんです。この三宮が（光の君の息子）柏木と密通する。で、三宮が産んだ柏木の子を見ながら「あのとき父桐壺帝はどんな思いだっただろう」と思いを巡らせるわけです。

そんな現象自体は世界中にいっぱいあるでしょう。だけれど、これが文学になっている。不義の子をもうけたときの戸惑いやおののきが、表現されるわけです。11世紀初頭のこういう文学的達成は、世界史的にもぬきんでているんじゃあないでしょうか。しかも『源氏物語』は、古典として宮廷で何を置いても読まなければならない文芸として神格化されてきました。皇統の危うさを主題にした読み物が、皇室の周辺で読みつがれたことに、私は感心しています。

後深草天皇のセクシャルウェポンだった二条

工藤　その通りだと思います。『万葉集』だって「人妻ゆえにわれ恋めやも」なんて皇太子が平気で詠んで、それが歌集に載ってしまう。すごい自由さです。

井上　もうひとつ皇統が揺らいだときの話をします。南北朝に分かれるときがありますよね。あれは遠因が後嵯峨天皇にあるんです。13世紀、鎌倉時代に後嵯峨天皇が上皇となりました。後嵯峨天皇のジュニアのうち、まず兄の後深草が天皇になり、続いて弟の亀山が王位に就くわけです。
後嵯峨院は弟の亀山贔屓だったので、以後は亀山系統で王位を続けさせようと考えた。ところが後深草にも野心があって、「なんで弟のほうばかりが」と不満を抱きます。これが南北両朝へ割れる、その始まりになるんです。
鎌倉幕府は妥協案として、両方代わりばんこに天皇、上皇になっていったらいいじゃないかと言いだしました。父からうとまれた後深草にとっては、ややラッキーな判断をしてくれたわけです。そして、この後深草には二条という囲い者がいたんですよ。久我家のお嬢さん。女優の久我美子につながるのかな。
工藤　つながるって、よく聞きますね。
井上　ところで二条の母は後深草天皇の乳母（めのと）なんです。彼女が後深草の筆おろし、性の手ほどきもした。
工藤　そうすると最初の女性ですね。
井上　その最初の女だったお母さんの娘、二条をほしいというわけです。久我の当主にとったら妻の次は娘を物にしたい、両方よこせと言われているようなものですね。母に性を教わった後深草は、その娘もほしがり手に入れたわけです。

二条はとてつもなくチャーミングな人だったらしくて、西園寺実兼という公家も二条に惚れるんです。西園寺実兼は関東申次でもありました。朝廷と鎌倉幕府の連絡がそのお仕事です。「後深草の系統も、代わりばんこに天皇位へ就いていいじゃないか」と妥協案を出したのは鎌倉幕府ですが、その鎌倉と京都の間でやりとりをするわけです。そして最初は嫌がった二条を口説き落として、ついに子を成す。

工藤 ほう、すごいですね（笑）。それに「西園寺」とか「久我」って、明治から昭和の歴史にも出て来る名前だから、やっぱり名家って続いていたのですね。二条の正式な立場は何でしょう?

井上 後深草の囲われ者ですね。正妻ではない、後宮の1人です。穿ちすぎかもしれないけれど、西園寺実兼は朝廷側にいる鎌倉幕府との調停役です。もし亀山が「やっぱり兄さんの家へ皇統を渡すのは嫌だ」と言いだしたときに、鎌倉が反対をしてくれるよう頼めるかもしれない。そういう男だから、二条を差し出そうと思ったんじゃないか。

工藤 あ、それは分かります。美女は、政治目的で利用されるわけですね。

井上 もっと穿てばね、二条は後深草に告げていたかもしれないんです。「関東申次の西園寺実兼は陛下の前でこんなことを言ってましたが、私との寝物語ではこんなふうに言ってましたよ」と。

工藤　スパイ的なことですね。イギリスのウインザー公の『王冠をかけた恋』を思い出しますね。相手のウォリス・シンプソン夫人も実はドイツのスパイで、英国の情報を流していたという説があります。じゅうぶんにあり得る話です。

井上　ついでに言います。後深草には亀山以外の弟もいました。性助法親王という、仁和寺の大僧正もその1人です。そして、二条にはこちらの弟も横恋慕をしていたんです。

工藤　モテモテですね。美人なだけじゃなくて、色っぽかったんでしょうね。シンプソン夫人の話に戻って申し訳ないのですが、しかもちょっと下品な話なので先生の前でお話しするのは気が引けますが、彼女は性技にものすごく長けていたという伝説があります。なんでも上海にいた頃に仕込んだ中国伝来の技術があって、たいがいの男性はそれで夢中になって、なんでも話してしまうそうです。だから二条さんもそうだったのではないでしょうか。

井上　よほどいい女だったんだなと思います。そして、弟の仁和寺大僧正も思いを遂げるんです。

工藤　じゃ、みんなに許しちゃってるわけじゃないですか、二条。

井上　赤ちゃんもできるんです。でもね、やっぱりバレるんですよ。バレて、大僧正は後深草に謝るんです。ですがね、二条は『とはずがたり』という記録を書いていて、それを読むと後深草が仁和寺の大僧正をそそのかしてるとしか思えへんのですよ。

工藤　なるほど、そっちのほうにうまく持ってってるわけですね。

井上　猫の前で鰹節を出してるように。で、謝った仁和寺の大僧正は、自分はこれからすぐ寺を捨てて、その地位を兄さんのジュニアたちに譲りたいと。父の後嵯峨天皇はずっと亀山贔屓だったし、後嵯峨天皇の男子たちも、性助法親王まで含め、みんな亀山派だったんですよ。

ところが仁和寺の性助法親王という弟は、後深草の味方につけることができたんです。味方につけるためのセクシャルウェポンが二条だったに違いない。さらに言うと、この二条には亀山も横恋慕するんですよ。

工藤　へぇー、それはこじれますね（笑）。

井上　こじれます。二条がいる席で、亀山は兄をなじるんです。二条が記録に書いてるんです。「兄さんはどうして俺に二条を抱かせてくれないんだ」と。次の亀山のセリフがね、たいへんなんですよ。「自分のサロンにも女房はいっぱいいる。『お好きな女房がいれば、みんなどうぞ』と兄さんには言ってきたじゃないか。なのにどうして、兄さんは二条にかぎって許してくれないんだ」。

このセリフからね、彼らが王宮内の女房たちを共有財産だと思ってたことが見て取れるじゃないですか。

朝廷の女房たちの役割は「銀座のホステス」

工藤　それはそうですね。しょっちゅう交換したりもしてたわけですね。限りなく自由ですね。
でも面白いことに権力者の男って、何百人も自分の自由になる女がいても、執着するのはたった1人のことが多いそうですね。あるいは、せいぜい2人です。『源氏物語』だってそうじゃないですか。何も自分の父親の思い人に強引に迫る必要ないのに、どうしてもちょっかいを出さないと気がすまない。男の意地みたいな感じもしますが、亀山天皇ってそんな男だったんですね。もっと徳の高い人かと思ってました。

井上　はい。で、さすがの二条も亀山には抵抗し続けるんですが、渡月橋の北側にある天龍寺、昔は嵯峨天皇の御所だったところで一緒に夜を過ごすときが来るんです。

工藤　ええっ、先生のおうちの近く？

井上　実家の近くです。ある事情で二条を挟んで、亀山と後深草が一緒に夜を過ごす。

工藤　え、3人で？

井上　3人で。そこでついに弟の亀山は、二条を物にするんです。

工藤　だけど、お兄ちゃんがいるわけでしょう？　後深草ってすごく小柄な方で、あんまり体力がなかったから、見て見ぬふりをしたのかしら。

井上　お兄ちゃんは狸寝入りです。

工藤　狸寝入りって、どうして分かるんですか（笑）。

井上　二条の記録である『とはずがたり』は、そのシーンになると文章が乱れるんです。そこからおしはかっているだけです。けれどもね、文体の乱れ振りが、アダルトビデオでいえばモザイクのようになっていてね、全てが仄めかされてるんですよ。13世紀の文学で、世界史的にこんな込み入った描写はない。「すごいな、日本文学は」と思います。

工藤　それは現代の作家が、現代語訳したりしてるんですか。

井上　『とはずがたり』現代版、誰かやったはると思います。今、思いつかないですけれども。『とはずがたり』はね、ずっと門外不出だったんですよ。朝廷の性的な乱脈ぶりがあまりにもあからさまに描かれてるので。

工藤　瀬戸内（寂聴）さんなんか、やりそうな。

井上　ああ、そうそう、おっしゃる通り。思い出しました。まだ瀬戸内晴美だった頃に現代語訳を出しています。それから、二条を中心にすえた『中世炎上』という歴史小説も、書かはりました。とにかく、二条の話はあなどれません。都の朝廷が持っていた魅力の中に、この性的なふしだらさは間違いなくあると思う。関東武士が京都で仕事を唯々諾々とする背景に、「何とかの守」にしてもらいたかったからという理由が、よく語られます。でも、それだけじゃない。京都の朝廷に集められた女房たちを、私は銀座のお姉さんたちだったと思う。

工藤 つまり彼女たちは、自分の役割をよく承知していて、ちゃんと女磨きもしていて、武骨な関東の男たちに夢を見させてあげたんですかね。

井上 武士も人それぞれだとは思うけれどもね。紫式部が書いた『源氏物語』をはじめ、王朝文芸を見る限り、公家たちはひたすら遊んでるわけです。

工藤 そうそう、この人たちいったい何してるんだろうって（笑）。

井上 女房たちは、公家たちが事務的な仕事に従事してるところを見ていないんですよ。会議も見ていない。本当は朝から夕方まで、ずっと会議をしたり、書類を書いたりしているんですよ。「会議が終わった。しんどい仕事が終わった。さあ、女房をからかいに行こう」。つまり企業の重役が、あたしたちをからかいに来てるところしか見ていない、ホステス文芸なんですよ。

工藤 だから銀座のお姉さんなんですね。

井上　朝廷の中に銀座があったんです。今は外へ、それこそ銀座などにアウトソーシングしてますけどね。この女房たちを媒介にして朝廷が全国の武将に対して発揮していた力を私は侮れないなと。

工藤　確かにそうですね。全国の武将にとっては憧れだったんでしょうね。それが宮廷の吸引力になった。

井上　私は若い頃に見たことがあるんですよ。関谷（勝嗣）さんという建設大臣が入っていらっしゃった委員会の末席にいた私は、関谷さんのおごりで銀座に行ったことがあったんです。もちろん、私だけじゃないですけどね。ほかの委員たちもつきあいました。

工藤　どの店にいらっしゃいました？

井上　何も覚えてない。ただ、同じ店でほかのテーブルにいらっしゃった、どこかの地方から陳情に来たはった人たちが、今は許されへんと思うけど、スケベ丸出しで騒いだはったんです。この光景は、記憶にきざまれています。彼らを見たときに、「この人たちは中央へ陳情に来たのか、銀座へ遊びに来たのか」と（笑）。

工藤　「銀座にはセクハラはない」っていうんですよね。「何をしてもいい」って。ある有名な作家さんがおっしゃったって聞いたことがあります。

井上　でも、そういう作家のおかげで編集者は泣いたはるかもしれませんよ（笑）。尻拭いに謝って回ったはるんちゃうかな。

工藤　平気でブラジャーとか取っちゃうんですって、銀座のホステスさんの。「ちょっと！」って言ったら、「いや、銀座はセクハラないんだよ」って言ったたって。それに近いところがあるんじゃないですか。もっとも今はそんなこと許されない時代になってますね。芸能人の方なんか、それで批判されてます。

一条家の娘をあてがわれ、後醍醐天皇のために働いた新田義貞

井上　源義朝は頼朝の父ですけども、九条院のサロンで警備のお仕事をするんですよ。それでお褒めにあずかり、美貌で有名な常盤御前をもらうのです。そういう例はいっぱいあったと思います。

そんな宮中の美人をふるさとに持ち帰ることもあったでしょう。「うちの殿様は何とかの守にならはった」という成果は、領民に感心されたかもしれません。でも、それ以上に私は「うちの殿様はえらい綺麗な人を京都から連れてきはった」という、目に見える威光のほうを重んじたい。

工藤　美人を連れて帰ったと。

井上　しかも銀座のお姉さんです。地方領主の周りには、おぼこい娘さんたちもいるわけですよ。おぼこい娘さんたちが抱く恋の悩みについても、相談相手になったげはるかもしれへんじゃないですか。

工藤　憧れの的にもなるわけですね。化粧から着物の選び方まで、そりゃあ洗練されていたでしょう。会話だって相手に気を持たせる話術が身についていたかもしれません。

井上　憧れの的にもなるし、ほかの百姓たちも、ぜひあの奥方に喜んでもらおうと、とれたての野菜をいっぱい持ってくるかもしれへん。こんな話は日本史の研究会では全然語られへんけど。

工藤　本当そうですね。そこがスポッと抜け落ちてますよね。少なくとも社会史とか女性史で語られたら面白いテーマですね。よく昔の吉原の研究とか、戦後のパンパンと呼ばれた女性たちのノンフィクションとかありますよね。井上先生が宮廷の女房たちの色模様をお書きになったら、いかがですか？

井上　まあ、そんな史料はないからね、私もいい加減に言うてるんだけど。長年のおじさん・お姉さん観察によってつちかわれた、私なりの人間学的推論ですね（笑）。

工藤　朝廷って、そういう意味合いがあるんですね。

井上　話を続けます。南北朝時代への引き金を引いた後醍醐天皇は、鎌倉幕府討伐にあ

郵便はがき

料金受取人払郵便

牛込局承認

9026

差出有効期間
2025年8月19
日まで
切手はいりません

162-8790

東京都新宿区矢来町114番地
神楽坂高橋ビル5F

株式会社ビジネス社

愛読者係 行

ご住所 〒 TEL:　（　　）　FAX:　（　　）		
フリガナ お名前	年齢	性別 男・女
ご職業	メールアドレスまたはFAX メールまたはFAXによる新刊案内をご希望の方は、ご記入下さい。	
お買い上げ日・書店名 年　月　日	市区 町村	書店

ご購読ありがとうございました。今後の出版企画の参考に
致したいと存じますので、ぜひご意見をお聞かせください。

書籍名

お買い求めの動機

1　書店で見て　2　新聞広告（紙名　　　　　　　）
3　書評・新刊紹介（掲載紙名　　　　　　　）
4　知人・同僚のすすめ　5　上司、先生のすすめ　6　その他

本書の装幀（カバー），デザインなどに関するご感想

1　洒落ていた　2　めだっていた　3　タイトルがよい
4　まあまあ　5　よくない　6　その他(　　　　　　　)

本書の定価についてご意見をお聞かせください

1　高い　2　安い　3　手ごろ　4　その他(　　　　　　　)

本書についてご意見をお聞かせください

どんな出版をご希望ですか（著者、テーマなど）

たって塩冶（えんや）高貞という武将を味方につけるんです。後醍醐は討幕前に、この塩冶高貞へ早田宮の娘という自分の女をあてがいました。後醍醐はおそらく「武将を操るのは簡単だ。俺の女1人で済む」と思ってたような気がします。

新田義貞も、その口（くち）なんです。新田義貞には勾当内侍（こうとうのないし）という女官を、やはり自分の囲い者ですが、あてがっています。後醍醐は新田義貞に京都の宮廷警備を任すんですよ。宮廷を警備してると庭越しに、館の中がうかがえるんです。そこで宮廷のホステスさんめいたお姉さんたちが、歌舞音曲を楽しんでらっしゃる姿も見えるわけです。これが後醍醐の戦略でね、間違いなく篭絡しようとしてるんですよ。

新田義貞は、計略通り見初めるんです、お姉さんたちの1人である勾当内侍を。でも好きだと彼女に告げられない、武骨な関東武士ですから、ずいぶんこじらせる。家来には告白したのかな。その噂がしばらくして後醍醐のところへ届くと、後醍醐は「関東者ならさもありなん」ともらすわけです。計略どおり女の魅力で武将を操っていくんですよ。

工藤　なんか余裕をかまして。

井上　余裕かまして、勾当内侍下げ渡す。そういう斡旋の労をとりました。感謝した新田義貞は生涯、後醍醐のために働くんです。

工藤　あの新田義貞がですか。はぁー。昔の男の人は、女の過去とかこだわらないんですかね。

井上　こだわった人もいたと思いますが、やっぱり、いい女は過去の男性遍歴を乗り越えて男たちから評価されたんでしょう。ただし、伊勢神宮の斎宮選びでは、皇女の処女性を重視しましたが。

工藤　今だとけっこう面子を気にする人も多いですよね。「誰かのおふるなんて絶対にいやだ」とか。

井上　今でも銀座のお姉さんにおぼれて自分の会社を潰すような人は、あまりこだわっていないんじゃないでしょうか。

工藤　それはそうですね。むしろ「この女には誰々も通って来てる」とか。いろんな男から惚れられてる女のほうが、人気が高いのかもしれない。

井上　僕は関谷大臣に連れて行かれた席で、多分よだれを垂らすような表情でボーッと見とれてたんでしょうね。

工藤　そんなに綺麗でした？

井上　綺麗な人がいらっしゃったんでしょうね。若造だった私に、お姉さんの1人が「ここはあなたなんかが遊ぶところじゃない。あの人もあの人も、会社を2つ3つ潰してる」と。

工藤　へぇー。女にお金を注ぎ込んだりしたからですか。

井上　話は盛られている可能性もあります。同僚に対する悪口を、私に注告してくれたホステスさんは言っていただけなのかもしれません。私はそういう世界を全然知らないから、真に受けたらいかんような気もします（笑）。

戦国時代以降、天皇は「美人力」を使わなくなった

井上　後醍醐の話に戻すと、極め付きが鎌倉幕府討幕を考えたときのパーティーです。『太平記』に載ってる記録では、自分の側へ寝返ってくれそうな武将を招いて、20人ほどのお姉さんに接待をさせるんです。その20人ほどのお姉さんは、シースルーなんです。

工藤　ど、どうしてそんなこと分かるんですか？

井上　『太平記』に「褊の単（すずしのひとへ）」だけなので「雪の膚透き通って」と書いてあります。

工藤　そういうお着物がありだったんでしょうかね。それとも紗みたいな襦袢だけだったのかしら？　気になりますが、当時の商売道具としてシースルーだった。

井上　『花園天皇宸記』という後醍醐の先代にあたる花園院の日記は「殆（ほとん）ど裸形」の「無礼講」だったと書いていています。だから『太平記』の作り話じゃないでしょう。ほんまにそ

んなことやったんだなと。

工藤　それは昔から、今のキャバクラの女性みたいな人たちがいたということですか。

井上　そうでしょうね。どういう立場の女の人かは分かりませんが、後醍醐にはコンパニオンガールを集める力があったんです。

工藤　なるほど。先生は男だから、それを「力」として見るわけですよね。

井上　朝廷に軍事力はないんです。だけど軍事力を動員しうる「美人力」はあったんです。この美人力は、ふしだらさの幻想によっても増幅されたでしょう。「あそこは、ふしだらだ」「セックスはフリーだ」。この思いが、男を引きつける。

中国の宮廷だったら後宮には宦官、つまり生殖器を切った男しか入れてもらえへんわけです。比べると日本の宮廷は、開放的でした。たとえば、庭越しに勾当内侍の色っぽい姿を見せつけることもできたんです。それで新田義貞のような武辺の者を篭絡することができるんです。後醍醐は、それを戦略的に使うんですよ。

工藤　それにハニートラップ的な効果があって、新田義貞は奮起して大変なお働きをした。そのお陰で後醍醐は島流しから復活して、鎌倉幕府の討幕に成功したとすると、ハニートラップもなかなか効果があったというか、歴史を動かしたかもしれない。そういうテクニックというのは、延々続いてたんじゃないですか、もしかして。

井上　いや、ところが……。

工藤　どこで途絶えちゃったんですか？

井上　京都はその美人力、セックスアピールで、いわば権力を行使していたと思うんですが、戦国時代以降そういうことを諦めたように思います。自分が美人力もふくむ権力を行使して、こいつとこいつを動かすというのではなしに、「自分以外のどんな権力がのさばってきても延命していく」と、そういう方向にシフトチェンジしたと思う。それからは宮廷内のモラルも高くなるんです。

工藤　あ、そういうことなんですか。それも侮れない知恵ですね。だって猛々しい武家と喧嘩するのなんか、避けたい気持ち分かります。下品で粗野に見えたんでしょう。切腹なんて野蛮だし、刀ぶら下げて歩いているのも、いかにもな感じがします。「いざとなったら武力で脅かすぞ」というメッセージですから。

井上　江戸時代のはじめ頃でした。後陽成（ごようぜい）天皇のときに、すごいイケメンの公家がいたんですよ。光源氏の再来みたいな。それが後陽成の女官に手を出したんですよね。後陽成は怒って徳川家康に、死罪ぐらいの処分を要請するんです。家康はなだめるのですが、確か流罪にされるんじゃなかったかな。いわゆる官女事件ですね。

工藤　イケメンは可哀想でもありますね。でも不義密通はご法度でしたよね。それはイケメンが悪いです。というか、おバカですね。

井上 まあ、私なんかどこかで「ざまあみろ」と思いますけど（笑）。でもこれは後深草なら考えもしなかったことです。「女たちは俺の力を高めるための武器」と考えてる時代は、もう終わったんです。朝廷自身は力を発揮しなくていい。新興勢力にくっついていけばいい。あとは清く正しく延命しようという方向。少なくとも表面は「清く正しく」なっていったと思います。

日野富子と後土御門天皇は皇室版『ベルサイユのばら』

工藤 天皇はいつ頃から「子供をたくさん、つくらなきゃ」って考えるようになったんでしょう。

井上 後陽成天皇のあとを継ぐのは後水尾（ごみずのお）天皇なんです。後水尾天皇のところに2代将軍徳川秀忠の娘で、和子（まさこ）というお姫様が、後の東福門院ですが、入内するんです。だけど、後水尾は最初、彼女を嫌がるんです。

工藤 なんでですか。年上だったから？　美人じゃないから？

井上 よく分からないです。徳川との縁組自体に納得していなかったのかな。いずれにせよ、両者の婚約が決まっていたのに、後水尾は四辻与津子という女官との間に子を成すんです。これに徳川秀忠が怒るわけです。和子の入内が決まってるのに、なんという不始末をしてくれたんだと。その子は誕生後、まもなく亡くなるんですが、疑えば所司代が手を回したかも。

工藤　うん、昔はあり得ますよね。

井上　以後も、後水尾はちょこまかする人だったのか、けっこう子を成すんですよ。

工藤　ああ、あちこち（笑）。

井上　だけど徳川から嫁いだ和子さん以外の子は、うまく育たないんです。これについて後水尾は、すごく不審を抱いている。徳川側が和子以外の子を全部亡き者にしたんではないかと疑っていたらしい。そんな話が、細川忠興の記録に残ってるんです。疑っているというだけでね、本当かどうかは分からないんですけれども、徳川家のコントロールを受けるようになってからは、なかなか難しくなっていったのかもしれません。

工藤　徳川家も、けっこう天皇家に入り込もうとしていたのですか。

井上　入り込んだのは、その和子さんだけです。そのあとは逆やね。幕末には孝明天皇の妹である和宮が徳川家、14代将軍家茂のところに嫁いでますよね。でも和子と、つまり秀忠の娘と縁組ができたおかげで、京都には莫大なお金が来るんですよ。

工藤　あ、今度はお金が絡んでくるわけですね。

井上　はい。京都のお寺がね、皇后となった和子さんに頼まはるんですよ。「うちの寺はすっかりボロボロになって。何とかしてくれへんか」。そうしたら徳川家から修繕費が下りてくる。彼女は京都に富をもたらしたんですよ。

工藤　はぁー、そういうことだったわけですね。徳川は金主というか、スポンサーというか。だから妻は、お金をもたらす家の娘にしようと。

井上　もう京都の朝廷がセクシャルな魅力で全国の武家たちにアピールする時代じゃありませんしね。家柄とか血筋では相変わらず敬われていたと思います。江戸初期には、そんなポジションの一部を徳川の姫にもあけわたしつつ、資金を調達したということでしょうか。

工藤　信長とか、あの辺りぐらいまでは、まだ朝廷があれこれ画策して、いろいろ政治を動かそうというのはあったんですかね。

井上　どうでしょうね、生き延びるだけで精一杯やったんじゃないかな。足利義政の妻だった日野富子の話をさせてください。

日野富子って、すごい人なんですよ。夫の義政は銀閣寺をこしらえた人ですけど、引きこもりでした。全国の大名や武将は義政に口を利いてもらいたいと思えば、まず妻の日野富子に御伺いを立てる。国元の物産をいろいろ届けるんです。まあ、口利き料やね。

日野富子自体は社交的な人だったので、そういう大名たちといろいろ話をするわけです。「3年前に飢饉があった」とか「今年は豊作だった」とか。そんな話を聞きながら将軍夫人を続けたせいで、季節の移り変わりと作物の取れ高をめぐる投機のセンスに目覚めるんやね。「どことどこを動かしたら、これだけ上がりがある」というふうに。日経新聞を細部まで読む、銀座のママのようになった。

工藤　日野富子は財テクに優れた将軍の妻。それで銀閣寺をつくったりした。

井上　はい。義政の時代は京都が丸焼けになるなど、とんでもない時代でした。それなのに、普請道楽の限りを尽くすひどい将軍というレッテルが義政に貼られます。でもね、日照りが続いて地方の百姓たちが食うや食わずで京都に来ているわけですから、建設用の労働力は安く買えたんです。普請道楽をするなら、このときを置いてほかにないんです。義政を悪く見ればひどい将軍なんだけど、よく見れば仕事を与えているんです。

工藤　しかも安く建ててるんですね。

井上　はい。私は内心、日野富子と足利義政はナイスカップルかもしれへんと思っています。ただね、日野富子は、後土御門天皇に損得抜きで惚れていたと思います。応仁の乱で、帝は室町第に避難しました。そこで彼女と出会うんですね。応仁の乱で周りが火の海ということに恋が芽生えるんですよ。『ベルサイユのばら』に張りあって『室町のきく（菊）』というドラマを作りたいところです。

工藤 本当ですね、アニメにでもしたら受けるでしょうね。どこかからクレームがつかなければエキサイティングな設定に作り込めますね。

明治維新以降の皇室は面白くない？

井上 ベルサイユ宮殿は、ルイ14世が繰り広げた絶対王政の圧倒的な象徴として受け取られがちだけど、私はそうじゃないと思うんですよ。ルイ14世のブルボン王家は、たとえばブルゴーニュ公爵とかシャンパーニュ伯爵の扱いには神経をとがらせているんです。彼らが自分の領地に戻って、領地で武力を蓄えだすのは嫌なんですよ。

ルイ14世は、若い頃フロンドの乱で地方領主たちに背かれたことがあり、それがトラウマになってます。ほっとけば自分に刃を向けかねない公爵、伯爵たちを忠誠心のある宮廷人にしたい。その飛び道具が色っぽいモンテスパン侯爵夫人とかなんです。

つまりベルサイユにいたブリリアントなお姉さん、マダムたちは地方領主を篭絡するための武器だっただろうし、ベルサイユ宮殿自体が領主たちへの目くらましですよね。あの宮殿はブルボン王家の不安を背景に、こしらえられたんじゃないかと思っています。それと同じような作為が、京都の王朝にも感じられる。地方領主への目くらましをいろいろ考えた。だけど、応仁の乱以降は諦めたということじゃないでしょうか。それ以降は、とにかく強い人にくっついていこうと。

工藤　だから先生は、明治維新以降の皇室に興味がない（笑）。だって明治天皇の治世の頃は、色っぽくて何人も政府の要人を手玉に取って「もしかしたら明治天皇とも何かあったんじゃないか」って噂される剛の者は、ほとんどいない。せいぜい「妖婦」と呼ばれた女官の下田歌子くらいなものでしょう。

井上　エッチな皇室にはワクワクするけど、色気のない皇室にはそそられない男なんでしょうか、私は？

工藤　エッチじゃなくても、なにかとんでもないことってないじゃないですか。四角四面にキリスト教の一夫一婦制のクソ真面目なものが入り込んじゃったのって、全然面白みがないですよね（笑）。

井上　でも昭和天皇と弟の秩父宮との確執は面白いんじゃないでしょうかね。二・二六を起こした青年将校は、秩父宮を擁立しようとしましたよね。

工藤　青年将校は秩父さんに期待していた。つまり秩父さんのほうが人気があったんですよね。すごくカッコよくて、颯爽として。昭和さんは、ちょっと不器用な感じでしたから。いずれにせよ、あまり華やかな「えっ！」ということは、そんなにない。

井上　とりわけ、エロティックな魅力は近代の皇室にうかがえません。

工藤　ただ、ひとつだけ言わせてください。明治維新のときの戊辰戦争で会津の人たちがものすごくたくさん殺されて、それに対して明治政府は何もしなかった。死骸も埋めないで野ざらしにして、「鳥のついばむに任せろ」とか言って、ひどい扱いをしたんです。「賊軍」と呼ばれて辛酸を舐めました。

だけど唯一、大正天皇のお后の貞明皇后が、会津藩の元藩主の松平容保の孫を秩父宮のお妃として迎えたんです。松平家は当初、固辞しました。「とんでもない、うちは賊軍でございますから」と言って。しかも平民になっていたんです。彼女のお父さんの松平恒雄は「自分は会津藩の藩士を戊辰戦争でいっぱい死なせた。だから自分が華族になるのは間違ってる」と言って華族にも士族にもならなかった。

井上　確か東照宮の宮司になったはったんちゃうかな。日光東照宮。

工藤　宮司になったのは元会津藩主だった松平容保です。その息子で四男の松平恒雄が、外務省に成績トップで入省しています。イギリスに赴任して、妻に迎えたのが佐賀藩の最後の藩主、鍋島直大の娘の信子です。彼女の姉は、梨本宮妃になっています。

ロンドンで後に秩父宮妃となる勢津子が生まれて、それからアメリカに行ってワシントンで駐米大使をしていたんです。そのときに樺山愛輔伯爵をわざわざ2回も派遣して口説き落とし、秩父宮の妃殿下に迎えたわけです。すべて貞明さんの采配です。それで会津の人びとが涙を流して喜んだんです。「これで積年の恨みが晴れた」と。

井上　でも、その程度のことで晴れるのなら、コストは非常に安いですよね。

工藤　ものすごい安いです。ただ、うちの父なんかは新潟の長岡藩出身で、殺された側だから、その話を始めると涙を流しましたね。「もう本当に会津藩の恨みはお前、ここでようやく晴れたんだ」というようなことをよく言ってました。ただ、確かにコストは安いです（笑）。

井上　それだけ朝廷を敬う、ありがたがる気持ちが普及していたのかな。「たかが松平のお嬢ちゃん1人迎えたぐらいで何や！　おためごかしなんかゆるさんぞ」とはならないわけでしょう？

工藤　そうそう。京都の方はありがたがらないかもしれないけれど、戊辰戦争とその後の苦難を味わった人たちの子孫にとっては、大変栄誉でありがたいことでした。それが面白いですよね。

7章　江戸時代の皇室は庶民に根づいていた

雛人形は朝廷のイメージ

井上　ここからは、江戸時代の人たちと皇室の関わりについて、私が思っていることを話したいと思います。江戸時代に天皇のイメージはさほど強くなかった、庶民にはあまり知られていなかったと、よく言われます。明治時代になって初めて、広く認知される。「へぇ、あんな人がいたのか」ってね。

この通念に対して私は強い疑問を抱いてるんです。江戸時代の中頃には、もう江戸の町方へ雛祭りが普及しています。18世紀の中頃には、まだ2段飾りぐらいやったんだけど、18世紀の終わり頃は、4段飾りぐらいになってるんですよ。

工藤　だんだん増えていったんですか、あれ。

井上　増えていくんです。しかも飾られるのはお内裏様、天皇皇后なんです。将軍とその御台所じゃないんですよ。三人官女も五人囃子も、みんな朝廷側なんです。ここに徳川の影がないことを、どう考えたらいいのか。

工藤　憧れじゃないですか。

井上　憧れの対象は、ひょっとしたら江戸の幕府でなく京都の朝廷だった。

工藤　京都だったと思いますね。確かにどう考えても、雛人形って宮廷ですよね。ただ、これは昔聞いたんですけど、もともとは雛人形は川に流す習慣があったって。嘘か本当か知りませんけど、怪談実話の中には雛人形にまつわるものが多いですね。

だから私はどうも雛人形を見ると、宮廷はお化けの宝庫だったから、何かが祟っているような気がして怖いんです。唯一怖くないのは、リヤドロっていうスペインの陶器のブランドが作っている雛人形で、さすがにスペイン製だから、あんまり怨念は滲み出て来ません。

でも考えてみなかったけど、確かに雛人形は江戸に普及した京都の朝廷のイメージです。端午の節句の五月人形は鎧兜ですから、これは武士の匂いがプンプンとします。お雛さまは、いかにも雅ですね。江戸時代の同じ頃に、普通の家庭に飾られるようになったって聞いたことがありますが。

井上　百人一首も、17世紀の終わり頃には普及しています。天皇の歌もおさまる歌集が、庶民に親しまれていくんです。あそこに、徳川将軍の歌は、ひとつもはいっていません。

工藤　そうなんですよね。和歌は朝廷が連綿として続けてきたものであり、今も歌会始をやってますよね。あれもどんどん滅びていくのかどうか、分かりませんけど。

井上　「江戸時代に天皇のイメージはなかった」という議論は、やはりまちがっていると思う。だって落語にも、百人一首のもじりとかあるんですよ。錦絵とか浮世絵だって、百人一首のパロディを作りました。「夏来にけらし白妙の……」は持統天皇の歌ですね。あれも庶民の目に、十分触れていた。

工藤　高松宮はそのことを、とても誇りに思っていらした。「朝廷は力もないし、金もないけれども、明治維新の前からずっと国民に支持されてきたんだ」と、よくおっしゃってたそうです。大体、京都御所なんて攻め込もうと思えば簡単に攻め込めるし、火をつけようと思えば簡単に火をつけられるけど、今まで誰もそういうことをしたことがなかったと。

井上　天明の飢饉があったとき、大勢の人が御所に詰めかけたんですよ。5万人ぐらい来たらしい。でね、宮殿に向かってお賽銭を投げるんですよ。「この飢饉を何とかしてくれ」という神頼みなんです。

これを幕府の出先機関である京都所司代が、やめさせようとするんです。まあ、お賽銭箱があったとは思わないですけど（笑）。

対して朝廷側は「いや、信仰心なので止められない」と幕府に釈明しています。同時に、幕府側へ「幕府が貯蔵してる米はこの際、人民に開放したほうがいいんじゃないか」といった提言もしています。

これもある程度、実現しました。ただし、御所へのお賽銭という情報も江戸の庶民には届いていないと思います。京都近辺限定の話でしょうね。だけど、少なくとも京都近辺では何ほどかの信仰心を朝廷が勝ち取っていたように思いますね。

工藤　なるほど、確かにそうですね。

朝廷が貧乏を極めたことで生まれた「お伊勢参り」

井上　あと、何よりもこれを言わなあかん。『太平記』は、元禄時代からブームになるんですよ。『太平記』って、楠木正成が後醍醐天皇のために、どれだけ頑張ったかという話なんです。しかも後醍醐は負けた側だから、人民の強い共感を呼ぶんです。だから『太平記』の流行で、少なくとも後醍醐天皇の名前は届いてるはずなんです。

「伊勢参り」という巡礼の旅もはやった。お伊勢さんって、本来は朝廷の祖廟みたいなところでした。人民がお参りに行くようなところとは違うんです。ところが応仁の乱で、伊勢神宮には所領からの貢物が届かなくなりました。朝廷からの支援もとどこおります。朝廷が貧乏を極めたので。伊勢神宮が持っていた土地は、戦国の国人（こくじん）とか大名に乗っ取られたんですね。全然、収益上がらなくなるんです。

工藤　自分たちが持ってた領地とかは、ないわけですか。収入源って、お賽銭とかお布施だけだったんですかね。

井上　領地を形式的には保っていましたが、とにかく収益が来なくなるんですよ。このとき伊勢の御師(おし)たちが、観光開発に目覚めるんです。全国を飛び回って、「伊勢はどれだけありがたいところで、天照大神以来のどんな謂れがあって」というふうに吹聴する。それで「一度はお伊勢さんにお参りしたいものだ」という信仰を全国に押し広げたわけです。伊勢の御師たちは、近畿日本ツーリストの先駆けなんです。

もちろん、伊勢には遊びで行くという人も多かった。古市(ふるいち)の遊郭で遊ぶついでに伊勢参りという人もいたでしょう。でも、行けば「伊勢はありがたいところで、天照以来の……」というお話も聞きかじったりするわけです。私は幕府の時代に朝廷が全く顧みられなくなることは、あり得ないと思う。

工藤　先生に言われてみると、そう思いますね。ただ伊勢神宮がそんなにプロパガンダが上手で復活したってことは全然知りませんでした。今でもあそこには神様がいるって信じている方もたくさんいて、一度はお参りに行かないといけない場所だとは思ってましたが。神社仏閣ということで私、先生にお聞きしたかったんですけど、私が育った頃は東本願寺とか西本願寺って、そんなにすごいとこって認識がなかったんです。ありがたくも何ともないと言ったらいけないですけど（笑）、やっぱりものすごかったんですね、昔は。

井上　そうですねぇ……。
工藤　天皇家と変わんないぐらいのお金があった。
井上　お金持ちでしょうね。（本願寺の法主）大谷家は。
工藤　今は全然そういう派手さはないんですか？
井上　今でも金持ちだと思いますよ。戦後に華族制度って、なくなるじゃないですか。だけど大谷家には及びきらないわけです。
工藤　あ、彼らは外されたりしなかったわけですね。
井上　大谷家は、お寺なのでね。華族制度はなくなるけれども、お茶やお花のお家元にも戦後改革は届きかねたわけです。だから京都には華族制度の廃止を乗り越えた、準貴族風のおうちがいくつか残っています。そういう人たちは、京都府知事や京都市長よりも敬われたはると思うわ。
工藤　そういうところは、東京に育った者には全く分かんなくて。
井上　東京にも大谷家はいはると思うけど、築地本願寺とか。
工藤　もちろんそうなんですけど、本家本元はあまり東京にはいないですよね。華道にしても、何とか道の本家本元が東京にいるかというと、その親戚が少し住んでるぐらいの感じでしょう。前にも言いましたが大谷光瑞なんて、すごいお金使ってたでしょう。探検隊とか出しちゃって。

井上　大谷光瑞の妹にあたる武子さん、後の九条武子さんも大変な美少女でいらっしゃったらしいですね。これも「美人力」のひとつだと思うんだけど、特に北陸辺りの布教へ彼女がついて行くと、お賽銭の嵐だったという話があります。

「大正三美人」と言われた九条武子と柳原白蓮

工藤　それ、私も読みました。みんな拝んで「ああ、菩薩様」みたいな。彼女の旦那さんが、大正天皇のお后の弟なんですよ。これが困った男で、もう本当に（笑）。最初に一条家か何かに婿入りさせたんだけど、そこのお姫様に嫌だって言われて戻されるんです、実家の九条家に。それで大谷光瑞の妻というのは貞明皇后のお姉さんで、九条家から来た人だったんですね。弟が哀れで、なんとか見返してやりたいと思って、あの美人の武子さんを弟の嫁にもらったわけです。

その頃には武子さんはけっこう歳いってて、いわゆる行き遅れみたいな感じだったんです。だから家柄としては、まあつり合いがよかったんです。それで武子さんの持参金の一万円を使ってヨーロッパに新婚旅行に行ったんだけど、「お前だけ先に帰れ」と新妻の武子さんを帰らせた。貞明皇后の弟は1人で残っちゃって、イギリス人の女との間に子供をつくっちゃったんです（笑）。ずっと何年も帰ってこないで。

そもそも貞明皇后の弟といっても、皇后と2カ月くらいしか誕生日が離れていないんです。貞明皇后のお母さんも正妻ではなかったんですけど、正妻はいなかったから、ほとんど正妻みたいな立場でした。そこへ私の推測では、京都の若い芸者さんを見受けして東京に連れて来て、同じ家に妻妾同居みたいな感じで住まわせた。そんな家に生まれたのが弟ですから、ちょっといじけていたんじゃないかと思います。

井上　へぇー。

工藤　だからこれも大変で。武子さんは、ものすごい美人ですよね、写真を見ても。「大正の三美人」と言われました。それでも夫に嫌がられたから、ばんばん和歌を詠んで発表しちゃったんです。これが濃ゆい内容の和歌で、「夜くればものの理（ことわり）みな忘れひたふる君を恋ふとつげまし」といった与謝野晶子ばりのものです。「10年以上も放っておかれて、どうしてくれるのよ」という夫への恨み節ですね。しかも色っぽい。

井上　美人も、夫にうとんじられることはあるんですね。

工藤　綺麗な方でしたし、武子の歌集がベストセラーとなった。「皇后の弟の嫁で、本願寺のお姫様がこんな歌を詠んでいる」と世間の話題にもなりました。しかも夫とイギリスの女性との間に2人も子供がいることまで新聞にすっぱ抜かれたんですから、貞明皇后はカリカリなさったでしょう。

そこで大谷家と横浜正金銀行の人たちが弟を迎えに行き、日本にとにかく連れ帰るんです。その後弟と武子さんは一緒に暮らしましたけど、子供はできませんでした。あの事件は大正時代における、皇室の危機のひとつだった気がします。

井上　柳原白蓮さんっていらっしゃいますね。やはり「大正三美人」の1人。私は彼女に対して一般的に論じられるのと違う印象を抱いてるんです。

工藤　どのような印象ですか。

井上　まあ悪く言うと、わがままな人だったんですよね。柳原家は、大正天皇を産んだおうちでしょ。

工藤　そうですね。柳原白蓮は、いとこにあたるのかな。

井上　白蓮を持て余した柳原家は、自分のところへいつも付け届けを怠らない九州の炭鉱王、伊藤伝右衛門に引き取らせるんです。白蓮は伊藤家へお嫁入りをするんだけど、「私に触れることは許さない。私のために館を建てて。私はそこで好きな人と集まって楽しむ」と宣言しました。

それでもフェミニズム風の読み解きだと、伝右衛門は女性の自由を踏みにじったと書かれやすくなります。金で女の自由をうばったってね。でも、私には貴族のわがまま娘が貴族に憧れるブルジョアを、さんざん踏みにじったとしか思えない（笑）。

工藤　本当に男のほうこそ、いい面の皮で。お気の毒ですよね、あの旦那さんは。

井上　お気の毒です。伝右衛門は柳原家への付け届けを絶やさない。そんな伝右衛門を操りやすいブルジョアだと思った貴族が、わがまま娘を押しつけた。その娘が、したい放題をして「私は自由を踏みにじられた」。そんな話あるか！　と、私は言いたい（笑）。

工藤　確かにそうですよ。サロンみたいなの作っちゃって、九州の金持ちの奥さんたちみんなで和歌なんか作って贅沢三昧。しかも有閑夫人たちは、恋愛をしたくて仕方ないんです。そこに罪悪感なんてない。確か白蓮は若い男ができる前にも、ほかの男と恋愛してたんじゃないでしょうか。

井上　文学が分かりそうもない風貌の伝右衛門には「立ち入らないでね」と。

工藤　確かに分かんないだろうとは思うけども、旦那の面子も立ててあげたらいいのに、新聞で華々しく離別宣言したり、恋人のことを話したり。

井上　宮崎龍介ですね。

工藤　龍介と一緒になったけど、よくあの若いツバメが逃げないで最後まで見ましたね、あのわがまま婆さんを。

井上　私は伝右衛門こそが被害者だという本の出現を待っています（笑）。

朝廷への判官贔屓から生まれた「中山物」

工藤　でも考えてみれば九条武子も柳原白蓮も、皇室と縁のある人たちです。九条武子の和歌は時の皇后の弟を恨んで詠っているから、あれだけ注目を浴びてベストセラーになったと思うんです。柳原白蓮だって天皇と姻戚関係にあることが付加価値になって、九州に嫁いだわけですよね。やっぱり天皇家のご威光はすごいと思います。

先ほど江戸時代に普通の日本人は、皇室のことをある程度、意識してたというお話でした。あと賽銭の話もありましたけど、権力の対象としてではなく、やっぱり神様の血筋の信仰の対象とか、そういう感覚で皇室なり天皇さんを見てたという感じなんですかね。

井上　権力と宗教的な威光のきちんとした分類は、私にできません。いずれにしろ、「ありがたいもの」として浮かび上がるのは、徳川将軍だけじゃなかったと思います。「京都に天子様がいらっしゃる」というのは、あったんじゃないでしょうか。

そういえば、「中山物」という文芸ジャンルがあってね。光格天皇は閑院宮家の宮さんだと、先ほど申し上げました。閑院宮家は天皇を出さない時代がずいぶん続きます。ようやく後桃園で中御門天皇直系の皇統が途絶えたときに、閑院宮家から光格が天皇として迎えられたんです。自動的に光格のお父さんは天皇の父になったんだけれども、身分はそれほど高くない。摂関家のほうが上なんです。

工藤　一応、貴族ではあったんですね。

井上　それはそうなんだけれども、宮家ですからね、でも摂関家よりも下の扱いになる。それで光格天皇も周りの貴族社会も「天皇のお父上を格下扱いするのは忍びがたい」って思いを抱くんです。なんとか光格天皇のお父さんを太上天皇、いわば上皇のような扱いにできないかと、幕府に申請するわけです。

ところが幕府はこれを断り続けるんです、そんな前例はないと。前例が全然なくはないんやけど、松平定信が「理に適わない」と言って、はねつけた。

にもかかわらず、というべきでしょう。世間には、「京都側の中山愛親（なるちか）という関東との連絡役が江戸へ下り、松平定信を理路整然と説き伏せて、太上天皇の名を勝ち取った」という物語が流布するんです。もちろん、実態はそうじゃありません。中山愛親は松平定信との議論に太刀打ちできず、言いくるめられて負ける。それなのに「中山のほうが勝った」という話になった。

工藤　なんで勝ったという話が？　史実は違うのに？

井上　一種の判官贔屓でしょう。まあ朝廷のほうが贔屓されたとまでは言いませんが。

工藤「朝廷のほうが本来偉い」と思ってた人たちが多かったってことでしょうか。

井上　どうなんでしょうね。中山の言い分はもっともだ、といった気配があったかどうかは分かりませんが、世にいっぱい本が出るんですよ。これを「中山物」というんです。

工藤　それで、いろんな物語が出てくるんですか。

井上　はい。

工藤　お父さんは結局どうなっちゃったんですか。

井上　生涯そのままで、明治以降に太上天皇の名を送られていると思います。

工藤　でも、なかったことが、あたかも本当にあった話のように流布していったってことですね。歴史物って、けっこうそういうの多いですよね。『忠臣蔵』なんて、どんだけの数のヴァージョンがあるか分かんない。大石内蔵助だって、遊び人だったたっていう説から、実は真面目だったとか。浅野内匠頭だって、あんな切れやすい男は藩主なんか勤まるはずありません。吉良に同情してしまいますが、まあ真相は分からないですよね。

井上　そうですね。歴史は長らく人民の娯楽になっていた。この頃の若い人は、もうだいぶ歴史離れしてると思うけれどもね。今、東京の若い人に「森の石松」と言っても通じないだろうし、「猿飛佐助」もそうでしょう。

工藤　（笑）。講談的な世界はちょっとあれですね。でも大河ドラマの『鎌倉殿の13人』は、けっこう視聴率取りました。

井上　そういえば、そうですね。

工藤　だからやっぱり、まだ強いんだなと思いましたね。どこまで本当か、それこそ分かんない話だけど（笑）。

将軍の前に並ぶ大名の序列は京都が決めていた

工藤　江戸時代というと水戸学もありますね。やはり江戸時代の武士には、将軍より帝のほうが上と思っていた人が多いんでしょうか。

井上　話が江戸時代と皇室になるときは、水戸学と国学に光が当たりやすいんですよ。研究者たちの世界ではね。水戸学に尊皇精神の源があるとか、国学もそういう立場だったとか言われます。でも、雛祭りや『百人一首』には目が向けられへんのです。

工藤　そうですか（笑）。もっと庶民が持っていた、普通の生活に密着した天子様への尊崇の念に目を向けろということですね。

井上　はい。まあ水戸学が力を持ったこと自体は間違いないと思います。多分、剣術道場に通って剣の稽古をしながら、あとで師範からちょっとありがたい話を聞くような人の耳には、水戸学が届いたのでしょう。

工藤　ある程度、クローズドな人たちですね。それよりも雛祭りとかお伊勢参りも含めて、もっと広く皆さんに皇族とか天皇の存在というのは知られていたし、ある意味、敬愛の対象だったたってことなんですね。

井上　そうでしょうね。大名の話ですが、参勤交代で江戸に滞在しているときがあるじゃないですか。しばしば江戸城へ参賀におもむき、将軍の前で並んだりするわけですが、並ぶ序列があって、この序列を京都が決めるケースもあったんですよ。

工藤　え、そうなんですか。

井上　実態はもちろん、徳川の老中たちが決めるんですよ。幕閣が決めた通りの官位を朝廷が差し出すんです。だけどその官位が五分五分で、互いに同列という大名もけっこういるわけです。彼らは、同格大名の中ではりあうんですね。「ちょっとでもいいから前に行きたい」と思うわけです。そのため、たとえば蹴鞠の免許とかを京都の飛鳥井家からもらうわけです。これが将軍の前でアドバンテージになり、ちょっと前へ行ける。

で、対抗する側も別の免許を何か、もらうんですね。京都の公家たちは、その免許の元締めになってるので、これが収入源になってました。

8章　「英明なる明治天皇」は天皇のあるべき姿か

大久保利通の「明治天皇改造計画」

工藤 江戸時代、すでに皇室は庶民からありがたがられる存在になっていたというお話でした。では明治維新後、徳川の世から明治政府の世になって、庶民の明治天皇への思いはどのようなものだったのでしょう。

明治天皇に関しては、必ず「英明なる明治天皇」「明治大帝」とか誉め言葉がつきますよね。やはりすんなりと「さあ、今日から明治天皇が一番偉いんだぞ」というのを受け入れたのでしょうか。あるいは、本当に明治天皇が偉大な人だったのか。それとも両方なのか。どうなんだろうと思うことがあるんです。

井上 「明治天皇の英明さ」という点で、私が思う所を申し上げます。孝明天皇が早くに亡くなるので、思春期ぐらいから天皇になるわけです。大久保利通はお歯黒で歯の染まった明治天皇を見て、心配するんです。「本当にこの人で大丈夫か」と。そこから「明治天皇改造計画」みたいなことを始める。

その一端だと思いますが、明治天皇の姿を簾の向こうへ隠すのではなしに人民の前へ出して、見せつけるよう図るのです。

工藤　それ全部プランニングされてたわけですか。

井上　どこまでプラン通りなのか分からないけれど、プランはあったでしょう。たとえば外国から購入した立派な軍艦の上に乗せて、大阪湾で人々に見せつけたり、世間の目を明治天皇に向けさせようとした。

明治天皇自身もね、そうやって外に向かう自分を喜んだはったと思う。私なら女官に囲まれる従来どおりの閉鎖的な人生を選んだろうけれども（笑）、明治天皇には進取の気性があったんでしょうね。まあ当時、彼の周りにどんな女官がいたのかは分かりませんけれども、私の下卑た気持ちは、未来を思い描くより……。

工藤　もっと楽しく暮らしたい。

井上　そう。アケミちゃんと遊びたい、ミドリちゃんと遊びたい。

工藤　（笑）。それはつまりプロデューサーが非常によかったということですかね。

井上　大久保利通をはじめとする明治新政府の官僚たちは、ヨーロッパの王侯を知っていたんです。彼らが人民の前へ出る様子も、洋学の勉強や留学組からの伝聞で、幕末には仕入れていたでしょうね。簾の向こうに籠もっているだけではいけないと。だから東京へ奠都（てんと）するときも、京都に明治天皇を置いてはおきませんでした。ありがたい天皇を東京へ持っていって人々に見てもらうことにしたのです。

工藤 姿をさらしましたね、確かに。

井上 だけど明治の限界があってね。明治6年頃に明治天皇の写真が撮られるんです。これは一般に配られるんだけれども、何年後かに禁止されるんです。

工藤 飾っておくことをですか。

井上 自由販売を許さなくなりました。ブロマイド的な販売は禁止されるんです。そして明治天皇の肖像写真は、特定の場所へ行って拝むものになりました。小学校では奉安庫の中に飾って、またその奉安庫もあまり扉を開かないようになります。つまり簾の奥へ隠される存在に、再びなっていくんです。

明治天皇が表に出たり、写真がブロマイド的に扱われたのは明治初期、天皇制がうまくいくかどうか分からないピンチのときです。とにかくありがたい姿を見せつけて、なんとか支持をとりつけようとしたように思います。

ただね、肖像写真の自由販売は禁止されたけど、浮世絵や錦絵で見せる分には、お咎めなしだったんですよ。政府は絵を見くびっていたのか、写真をよほどありがたがったのか分かりませんが。石版画も許したんじゃないかな。とにかく美術は構わなかった。

工藤 そのものではないから、ということなんですかね。

井上 そうですね。写真のように真実を写すのはよくない、ということなんじゃないかな。今でもあるのかな、マスコミに。天皇の写真を雑誌で使うときに「いや、これはまずいんちゃうか」というケースが。

工藤 さすがにないような気がします。報道写真も含めて、いろんな新聞社とか通信社が撮ってますが、それを使うのに何か気をつけなきゃいけないのかと思ったことありません。

井上 いちいち宮内庁に届けも出さへんでしょう?

工藤 一切ないです。肖像権が皇室とか陛下に存在するという意識はないですね。

井上 そうですよね。多分、宮内省の時代もふくめ、当局が最後に抵抗をしたのが、マッカーサーの横に立っている、あの写真なんです。あれには抵抗したけれど押し切られた。

工藤 でもあれ3枚あったんですよ。ほかの2枚は、もっとひどいです(笑)。

井上 あ、そうですか。比較的ましなのを選んだんだ。

工藤 私、マッカーサー記念館に行って見せてもらったんですけど、本当に昭和さんがポカッと口開けているのがあって、わざわざ「マウス・オープン」って下に書いてある。その次が、目を完全につぶっちゃてて「アイ・クローズ」(笑)。世に出たのが、あの中では一番いいんです、あれでも。

井上 じゃあ、連合軍なりに配慮はしてくれたんやね(笑)。

工藤 そうだと思います。でも、あれはすごいショックでしたよね、日本人にとっては。マッカーサーは腰に手を当てて偉そうに立っていて、お気楽な表情してますよね。天皇さんは本当にかしこまって、真剣なお顔をしてらした。
ただ、今の皇室の女性たちは、どんな写真がマスコミに出るか、ものすごく気に掛けておられると聞いています。当然といえば当然ですね。

危機の時代に姿を現してきた天皇

工藤 いずれにせよ、「英明なる明治天皇」といったイメージは陛下のご意図でなく、周りの大久保たちが「まず皇室を開かねばならない」と意図してやったんですね。
井上 写真の扱いについて、大久保利通が直に関わったのかどうかは知りません。多分ほかの人たちじゃないかな。大久保は忙しい人で、写真どころじゃなかったと思います(笑)。
工藤 その後エドアルド・キヨッソーネっていう絵師が描いた絵を、丸木利陽っていう写真師が写したものが、「御真影」として世に出るんです。あの絵は、すごく恰幅のいい人という印象を与えたんです、昔。
梨本宮伊都子妃の本に明治天皇は「六尺豊かな大男」、背が180センチだったたって書いてあります。みんなずっとそう信じてたんだけども、明治天皇が亡くなったときに身長を測った人が本に書いてて、１６７センチぐらいしかないんです。実際にはそんな大きくない（笑）。だけどなんでだか「大きい人だ、大きい人だ」って。

井上　私自身が60歳を越したあたりから、ちょっとずつ縮んでます（笑）。全盛期は１７５センチでしたが、今は１センチ半ぐらい縮みました。

工藤　それは絶対、縮みます（笑）。だけど、どうなんでしょう。現代の皇室とか上皇さま天皇さま、50年ぐらい経ってみんながこういう話をするときって来るんでしょうか。

井上　さあ（笑）。今私が喋ったのは写真の話だけれど、昭和20年代の終わり頃からテレビが入ってくるじゃないですか。そうなると、もう決定的に変わったんじゃないかな。

工藤　そうですね。お姿をみんなが見れちゃいますもんね、テレビで。

井上　はい。昭和天皇が一番人民の前に姿をさらしたのは多分、敗戦後のご巡幸。ご自身の退位さえあり得ると言われた時代です。明治天皇も、明治時代の初期にあちこち巡幸するわけです。やっぱり天皇制が危機をむかえた時代に、自身の姿をより多く見せつけるということだと思います。

そうなるとテレビで頻繁に見かける今日は「危機を迎えてるらしいな」と見ることができますね。「いや、そうじゃない。テレビがわれわれの感受性を変えたんだ」と見ることもできる。

工藤 先生はどう思われますか。

井上 両方ある気がしますね。

工藤 やっぱり天皇制も危ないとこまで来てると思われますか。

井上 そうですね。イギリスの王室は、国民のオモチャになることで延命する道を選んだような気がするんです。

工藤 まあサービス精神というか、ご機嫌取りというか、ずいぶんお気遣いはなさっていますよね。

井上 はい。芸能人へのまなざしみたいなものも引き受ける。エリザベス女王にその覚悟があったかどうかは知らないけれども、それもやむを得ないと。だけど日本の宮内庁は、そうなってしまうことに歯止めをかけたいんじゃないかな。

工藤 テレビがどれくらい協力的かということでしょう。番組なんて編集次第じゃないですか。そのへんは宮内庁もテレビ局も分かっていて、お互いに阿吽の呼吸で流していると思います。まあ週刊誌も写真の選別は自主的にしているでしょう。

井上 うまく利用もしたはるんじゃないでしょうか。それも宮内庁付きの官僚たちがテレビあしらいをしてるんじゃなしに、どうもあのご夫婦が。先ほどの話では、「いや、ご夫婦じゃない。妻だ」となりますが。

工藤　そう、直接やってらっしゃる。

紙幣に使われない日本の天皇

井上　また変な話をしますけれど、顔立ちが国民にさらされることの危なっかしい面もあるんです。フランス革命のときにルイ16世は革命の行き過ぎに危機感を抱いて、フランスから脱出を試みるんです。マリー・アントワネットと一緒に逃亡用の馬車へ乗り込みます。

この馬車を手配したのがマリーの愛人と言われるハンス・アクセル・フォン・フェルセンです。『ベルサイユのばら』を読まれた方なら、ご存知でしょう。国王は途中でフェルセンに「もう君はいい。離れなさい」と言うんです。まあ妻の愛人とこれ以上同じ馬車に乗ってるのは嫌やったんでしょうね。

それからヴァレンヌという国境線近くの村まで逃げるんですが、村人に面が割れてしまうんです。フランス革命政府が発行したアッシニアという紙幣に王の肖像が描かれていたからです。

当初フランス革命政府は必ずしも王制を否定しなかったんです。アッシニアという革命政府発行の紙幣に信用を持たせるため王の顔を図柄として使いました。革命は王の威光に依存したんですよ。王を敬ったんです。敬われたために、逃亡先で見つかってしまうという皮肉な話があった。

諸外国の紙幣に王の肖像が現されるのはよくある話ですが、日本の紙幣にはないんじゃない？

工藤 失礼にあたると。

井上 明治新政府がとった「写真の流通は差し止めよう」という、あの観念が、このテレビ時代になってもまだ残っているんですかね。

工藤 確かに残ってますね。北朝鮮も面白くて、前は金日成の肖像が紙幣に使われていたんです。今は金正日か金正恩でしょうけど、私が旅行した頃は、金日成の顔のところで畳むと、めちゃくちゃ叱られたんです（笑）。顔のところは畳んじゃいけない。しわを作っちゃいけない。よけて畳みなさいと言われるんですよ。その畳み方を指導員という人たちに教えてもらったのを憶えています。

井上 昔トイレットペーパーがない時代は、ぼっとん便所ですが、新聞紙でお尻を拭かせるところもありました。それでね、もし陛下の顔で拭いてたら……。

工藤　大変なことになりますよね。

井上　バレへんと思うけど（笑）。

工藤　でも先生、新聞紙じゃ硬くてお尻が痛くてしょうがない（笑）。

井上　いや昔はしょうがなかったんですよ、トイレットペーパーがない頃ですから。でも、新聞紙をもみほぐし、柔らかくする工夫はほどこしていたかな。

工藤　私はトイレットペーパーが出回る少しまえにグレーのザラ紙みたいなのがあって、嫌でしたね。早く家も白いトイレットペーパーが買えるようになりたいなと、いつも思いました。でも、さすがに新聞紙はなかったです。

井上　あと畳の下に新聞紙を敷くことも、よくあったじゃないですか。あれでも結局、畳の上からお尻で踏むことになる。

工藤　そうですよね。歩いたりもしてるわけで、踏みつけてるわけですね。

井上　そういうのもあって、新聞に天皇たちの写真は使いづらいというのは、あったかもしれない。まあ、天皇の写った新聞紙は、使うほうでも配慮をして、便所などには持ち込まなかったでしょうけれどもね。

工藤　ああ、そうか。そうなんですね。

終戦後に起きた女官による暴露本ブーム

工藤 皇室の真実ということでは終戦後しばらくして、昭和22、3年から5、6年にかけて皇室にお仕えした人たちによる、一種の暴露本が続出したんです。なかには、とんでもない本もあって。「大正天皇に追いかけられて、どうした」とか。

井上 日本のほうが、イギリスのメーガン妃より先に出していた。メーガン妃の先輩は、日本にいたわけやね。

工藤 そうそう（笑）。さすがに妃殿下だった人は、メーガンさんみたいに赤裸々に書いたりはしませんでしたけどね。でも女官の方々のメモワールは、今や貴重な史料なわけです。

井上 そうですね。

工藤 今はものすごくうるさくて、女官の方たちも、うっかり回想記も書けないです。マスコミのコントロールが、あのときよりはるかにすごいですよ。だから書けない時代になっちゃったわけです、逆に。終戦直後のほうが勝手なこと書いてましたね、みんな（笑）。それは面白いなと思うんですよね。

井上　そういう本をまとめて読むことはできるんでしょうか。たとえば図書館で検索するときに「敗戦後に出た皇室の裏話」とか（笑）。

工藤　それでは出ないと思います。とんでもないタイトルがついていて、ちょっと分かんない。家にダブルコピーしたのがありますから、お送りします。笑えますよ、かなり（笑）。

井上　ありがとうございます。

工藤　だから私、とんでもない話はいっぱい知ってるんです。宮中に仕えた方たちからも聞いてます。たとえば香淳皇后が亡くなるまで、御所の中は「光ったものを身につけてないと悪魔がとりつく」という迷信があったんです。

香淳さまも最初の頃は、必ず本物のルビーとかダイヤとかのネックレスをつけたんです。ところがだんだん認知症になられてから、そういうのをどこかに捨てちゃうわけです。いつの間にか、どこかに落としたり屑籠に放り込んだりしちゃう。しょうがないから女官が偽物をいっぱい買ってきて、それを毎日つけさせてる。

それをまた捨てちゃうんですが、安物だから紛失してもいいわけです。香淳さまが亡くなられてから「ものすごくまだいっぱい残ってるのだけど」と聞いたこともありました（笑）。そういう話って面白いから密かに書き止めておいて、「私が死んだら公にしてください」ってしたら、どうかなと思ったりしてるんです。

井上 でも一度は公になった話なんですよね、敗戦後に。

工藤 敗戦後に出た本は、もちろん公になってます。それ以外に私が直接、昔のことを知っておられる「ばあちゃま」たちから、いろんなエピソードを伺っていて。それを今、活字にするのは無理ですから。

井上 工藤さんの没後に面白がっていただくより、生前に面白がってもらうほうがいいのでは。

工藤 いや私怖くて、生きてるあいだは嫌です。

井上 つまり出版市場には貢献したいけれど、あたし市場としてはちょっと勘弁してほしい（笑）。

工藤 自分がそうだから分かるんですけど、やっぱり活字になっている事柄は自分が本を書くときも安心して引用できますよね。「少なくとも著者の責任において、この史実を書いているのだな」とか「ちゃんとしたオーラルヒストリー（口述歴史）なんだな」とか思えます。でもそれだけに責任も重いわけです。「皇室をわれわれは、どう考えていったらいいのか」っていう問題にもなってくるんですけど。

だから、そういうことも含めて、われわれは皇室のことをきちんと知ったほうがいいのか、あるいはワイドショー的な皇室の扱い方についてどう考えていくのか、テレビにいっぱい出てきた皇室を是とするのか非とするのか、そんな話にもなると思うんです。最近はどうも真実かどうか分からない週刊誌の記事も見かけるので心配になります。

セックス・スキャンダルも武器にした昔の朝廷

井上　まあイギリスの王室も喜んではいらっしゃらないと思うけど、こういう時代だと覚悟はしたはるんじゃないかな。ああいう波の中でサーフィンをやっていかないといけないと。

工藤　それに比べると日本の皇室は、ちょっと不器用じゃないかなと。

井上　まだ波乗りも上手じゃないし、「波立たせないように」というほうへ神経をとがらせている。

工藤　なるべく、あちこちあちこち押さえつけようとして、かえって反発を買ってるところはあるんじゃないかと。

女性週刊誌を見ると分かるんですけど、本当に毎週ですよね。「佳代さんいよいよニューヨーク上陸か」という見出しでも、「佳代いよいよ」の下の「さん」が小っちゃい字になってるんです。パッと見ると「佳代いよいよニューヨーク上陸か」って読めちゃう。キングコングじゃあるまいし、「ニューヨーク上陸か」って（笑）。とんでもないタイトルです。

井上 私が『狂気と王権』という本を書いたときも、女性週刊誌を資料に使いました。一番面白いネタを書いてたのは『週刊女性』や『女性自身』でしたね。やっぱり女性の読者で、ワクワクして待ってる人が多いんじゃないでしょうか。

工藤 週刊誌が何を問題にするかというと、美智子さまが気にするかしないかだと思います。もうホットラインができてると聞きました。特定の雑誌と美智子さまの間で。宮内庁は「そんなことはありません」って否定なさるかもしれませんが、実際に週刊誌の現場にいた方がそうおっしゃっていました。

結局、私たち一般庶民と皇族の方たちとの大きな違いを考えたとき、あの方たちはリアルタイムで歴史を作っているという思いが強いような気がします。つまり国民を慰問するのでも、スポーツの開会式で宣言するのでも、自分の言葉は歴史として後世に残る。よっぽど注意しなければという気持ちから、すごく気をつけている。だから少しでも批判的なこととか書かれると、猛烈に反発なさる。

人間なんだから間違いもあるし、喧嘩もある。嫌われることもあるんだけど、それは頑として受け付けない。完璧な自画像じゃないと、お気に召さないのでしょう。しかし、もしそうだとしたら、ずいぶんと傲慢なことだと私は思いますね。

井上 私の考える古い王朝世界では、スキャンダルも朝廷の武器になったんですよ。セックス・スキャンダルもね。それは多くの武士たちに「羨ましいな」という思いを抱かせた。世代的に分かってもらえると思うけど、1960、70年代ごろ、多くの日本男児は、「フリー・セックス」のスウェーデンに憧れました。彼地へとんでいった男たちも、少なからずいます。これと同じで、武将たちも「京都はどうやらスウェーデンらしい」という幻想を抱いたことでしょう。

工藤 なるほど（笑）。

井上 イギリスの王室が、それを目指しているとは言いませんけれども。

工藤 でも、そう考えると面白いですね。秋篠（宮）さんがタイに愛人がいて、子供できたとかね。男の子だったらどうすんのとか、あの頃盛んに噂が流れましたね（笑）。だから、もしかしてそういうのあるかもしれない。

井上 『シンデレラ姫』って物語があるじゃないですか。王子様が舞踏会を開くんですよね。町娘がいっぱい来るから「どれにしようかな」って。こんなひどい話が子供向けのメルヘンになっている。

工藤 あ、そういう舞踏会なわけですか、あれは。

井上　だってあそこで、お嫁さん選びしてるじゃないですか。本当のお嫁さんかどうか分かりませんけど。靴をはかせて、サイズが合うかどうかというエピソードもありますよね。あれが、体のなじみ具合をはかる検査のように思えなくもありません。靴は膣の比喩かも……私は考えすぎているんでしょうか。

工藤　お妾さんとか側室とか、そういうのに近い人たちを選ぶ感じなんですね。

井上　ひと夜のお嫁さん選びかもしれへんし。イギリスってね、まだ貴族は舞踏会をやるんですよ。そこに、領内で暮らす一般女性、町娘が集まるんです。

工藤　そういうとこに町娘が行くんですね、貴族じゃなくて。

井上　イギリスの貴族は今700人か800人ぐらいいやと思うけど、領地にお城持ってるんですよ。もう手放した貴族もいると思うけど、城を持ってる貴族は領地で舞踏会開くんです。着飾った娘が集まるんです。私の怒りは、正義の怒りというよりは、妬ましさの怒りやけど（笑）。

工藤　選り取り見取りなんですか。

井上　選り取り見取りかどうかは知りません。たずねれば、ただのパーティーだとおっしゃられるでしょうね。

工藤　つまり有利ってことですよね、男として、貴族の方々が。そういえば私がカナダで生活していた頃に聞いたことがあります。イギリスの貴族の男の人はモテる、なぜなら昔から貴族は平民よりも背が10センチくらい高かった。話す英語もノーブルで、お金もある。だから圧倒的にモテるのだと聞きました。

井上　そうですね。そこが一番釈然としないです（笑）。でも、さっき言ったことと重なるんだけど、平安時代から室町時代ぐらいまでの説話によくあるんですよ。地方の有力者が京都へ行って美人と出会い、地元へ持ち帰る話が。銀座のお姉さんが、群馬選出の議員から口説かれて、後添いにおさまるようなものでしょうか。

朝廷が没落したことで全国に京都文化が広がった

工藤　そこから先ほど伺った後深草天皇のように、ハニートラップ的なことをやって生き残りを考えたりもするわけですね。

井上　でも、応仁の乱を過ぎる辺りになると、貴族はみんな荘園を乗取られるので荘園からの収入が途絶えるんです。途絶えたときに、しばしば貴族たちはたとえば『源氏物語』の読み方を手ほどきする家庭教師として、大名たちからお金をもらったりするわけです。こうして『源氏物語』の古典としての価値が武家の世界でも高まるんです。

似たような例ですが、自分の娘を戦国大名のどこそこに嫁がせる公家もいました。荘園からの収入はないけれども、荘園をくすねた大名から付け届けをもらえるじゃないですか。嫁の実家を支援するという形でね。収入の道が途絶えた偉い人たちは、いろんなことを考えはったと思います。

工藤 つまり皇族とか貴族の地位を使って、なんとか富を手にしたい。立身出世した武士たちは、ほかのものは手に入れたけどステイタスというか出自の尊さは持っていない。それは現代も続いている気がします。

有名な実業家とか学者とかで「私の家内は伯爵家の出身だもんですから」とか「どうしても元皇族や元華族のお嬢さんを息子の嫁にしたい」とか、名誉欲を露骨に出している方たちには最近でも会ったことがあります。

井上 応仁の乱以降の朝廷は、生き延びるため本当にあの手この手を施しました。どれぐらい朝廷が貧しかったかというと、応仁の乱以降、何代かの天皇は即位式もやってないんです。即位式ができないから皇位の交替は、可能なかぎり後回しにしたりもしました。信長が即位式のお金ぐらい用意すると言ってくれたときは嬉しかったと思うよ。

工藤 失礼ながら、そこまで地に落ちちゃってたんですね。

井上 伊勢神宮は20年おきに建て替えられます。毎回、前例を手本にしてきたとされています。だから、１０００年以上前の姿を今でもコピーし続けてると一般には思われています。だけど応仁の乱が終わってから収入の道が途絶えて、伊勢神宮は一度朽ち果てるんです。内宮も外宮も遷宮をせずに１００年近くほったらかされました。朽ちたのはそのためです。

信長と秀吉が、ようやく造替の費用を出してくれたので、復元の目途が立ったんですね。でも元の伊勢神宮はどういう形をしていたかが分からない。大工の持ってる記録と神主の持ってる記録が合わないんですよ。合わないから両方足して２で割ったようなことやってるんです。

工藤　かなりいい加減じゃないですか。建築の方法とか素材とかも含めてですか。

井上　サイズ、寸法ですね。断絶の前後で決定的に違うのは。そのこと自体、伊勢神宮にとってトラウマになってしまいました。以後、代替わりのたびに原形を想像しながら「ほんまはこうやったんちゃう？」「いや、ちゃうで。ほんまはこうやで」と、ちょっとずつ形を替えたりしてるんですよ。

工藤　実は少しずつ想像の領域が入っているんですね。

井上　あそこへ行っても、持統天皇や文武天皇時代の姿は偲べないです。あれはもう現代建築です。

工藤　うーん。なんかあまり信用できなくなりました、いろんなものが（笑）。

井上　でも1回チャラになったおかげで、たとえば神宮の御師たちが全国に散らばって天照と伊勢神宮のありがたさを宣伝して回るし、京都の貴族たちも、全員ではないですが地方の野蛮な大名たちに宮廷文化を教えてレッスン料を取ったり。これで京都文化が全国に広がるんです。だから京都が街として没落しきったときに、京都文化は全国化するんです。デカダンスがポピュラリティをもたらしたんですね。その延長上に、天皇像のリバイバルもあるんじゃないでしょうか。天皇家はおとろえたからこそ、世の認知度を高めた。江戸の庶民にも、そのイメージが浸透していく過程を、もういちど強調しておきたいですね。

工藤　彼らが食うために何でもやり始めると、全国に京都文化が広がっていくんですね。

井上　はい。

9章　皇室は日本人の精神の反映

洛中の不動産価格は高いのか

工藤　先生、京都の街について、すごく下世話なことをお聞きしていいでしょうか。四条エリアなど洛中の不動産は高いんですか、京都御所があるエリアに比べて。

井上　調べたことがないから分かりません。ただ、洛南のほうにビルの高さ制限をゆるめているところがあります。そこはひょっとしたら不動産価格が高くなっているかもしれません。洛中は概ね30メートル強に限定されていますし、この頃建つホテルも大体4階建てぐらいに留められてるんじゃないかな。だけど伏見まで行くと、ごついものをつくってもええようになりますから。

工藤　京セラの本社とかですか？

井上　はい。ただ私は不動産価格を調べたことがないので分かりません。

工藤　こんなことをお伺いするのは失礼だと思ったんですけども、東京の感覚だと結局、不動産の値段が高いところが一番いい場所といった変な確信があって。それは、そういう文化がないからだと思うんですけども（笑）。

井上　東京なら銀座が一番でしょう。

工藤　昔は銀座でしたが、今は住居が一番高いのは港区なんです。このあいだも何かの記事に、パパ活をしてる女の子たちのあいだで一番人気なのは、港区に住んでる〝おぢ〟だっていうんです。

井上　「どこに住んでるんですか」と聞いて「港区」と言うとOK。なぜならマンションなどが東京で一番高いのは港区だというんですね。そういう地価について割と普通に話してるんですよ、東京って。京都はあまり、そういうことは言わないんですね。

工藤　ただ御所南の不動産価格がこの頃上がりだしてるという話は、よく聞きます。

井上　なんでですか。

工藤　小学校の学区制がなくなったから。「この地域に生まれた子は、この小学校行きなさい」という決まりが以前はあったんですが、それがなくなって選べるようになったんです。で、御所南小学校の人気がやたら高まった（笑）。まあ、遠方からも通えなくはありません。でも子供の足を考えれば、やはり学校の近くがいい。それで、御所南の地所人気に火がついたのかな。

井上　なんで御所南小学校？

工藤　そこに天皇制の影があるのかなと思わないでもないんですけれども。

井上　名前がいいですもんね。場所は、本当に御所のすぐ南にあるんですね。

井上　はい。御所北は、全部同志社の敷地ですからね。そして同志社は「御所北大学」に改名をしないでしょうし。ああでも、同志社大学今出川キャンパスを、同志社大学御所北キャンパスにする手はあるかな。

工藤　（笑）。私も東京で、神宮前小学校というところへ行ったんです。たまたま私が小学校に入るときに母が離婚して、家を探すと神宮前小学校から歩いて3分のところに売り家が出ていたので「美代子は特別頭も悪いし体も小さいけど、ここだったら通えるだろう」と、そこを買ったんです。昭和31年くらいです。

そうしたら昭和39年の東京オリンピックのあと、どんどん値上がりしたんです。神宮前小学校は普通の区立の小学校ですよ。だけど「神宮前」って名前がつくだけで、ものすごい人気が出ちゃうんです、「入れたい」という親御さんが多くて引っ越してくる。だから今伺って、その「御所南」と一緒じゃないかなと思ったんです。多分そうですね。

井上　神宮といえば、明治神宮なんでしょうね。

工藤　そうです。表参道をちょっと入ったところに神宮前小学校があります。明治神宮なんて昔は静かで、明治天皇と昭憲皇太后の写真だけ売っている、お年寄り夫婦がやっている小さなしもた屋みたいな店がありました。まだ灯りなんてガス灯だったし。

今は明治神宮に毎年、なんであれだけ参拝客が集まるのかと奇妙に思います。盛り場になっちゃいましたからね。まあインバウンドでお金落としてくれるんだから、神様でも仏様でもなんでも、すがればいいやと思いますけど。

井上　伏見稲荷も不思議ですよ。ものすごい人。初詣はハロウィンの渋谷みたいになりますから、特に外国の人が。

皇居周りの超高層ビル群が象徴するもの

工藤　先生のお話でもうひとつ面白かったのは、町なかで高いビルは建てられないという話です。

井上　リッツカールトンだとか横文字の名だたる世界のホテルが、ほぼ4階建てでどまりで辛抱してます。

工藤　それで思い出したのが、笹川良一の最後の愛人さんが住んでいた豪邸です。私より8つぐらいしか違わない本当に最後の最後の愛人で、山科に住んでたんです。以前に何度か取材に行ったことがあったのですが、佐川急便の会長が、その愛人さんの家を見て「俺もいつかこれぐらいの家に住めるようになりたいな」と言ったというぐらい見事な家です。

ややや不便な感じがしたので、なんで山科につくったんだろうと思ったんですが、思い出すと中はエレベーターでシューっと上まで行けるようになってて、5階建てぐらいじゃないかな。この辺だとつくれないわけですよね、そういうの。

井上　5階建ての建物自体は建てられると思いますよ。御池通には5階建て以上のビルが並んでますし。ただ高さ制限がある。古風に言えば「百尺制限」。

工藤　確か皇居の周りも、かつてそうだったんですよね。

井上　ビルディングはそもそも耐震上の安全確保、つまり構造設計上の理由で、百尺制限をみんな守らされていたんですよ。ただ時代とともに建設技術は向上し制限が緩和され、東京海上火災がそれを最初に破りました。前にもふれましたが、そのときどこかから横槍が入ったそうです。ビルから皇居が見えてしまうのがよくないと。別に宮内庁が言いだしたわけでもないんだけれども、なんとなくそれを慮って高さを削ったんですよね。

そのときに「現代の都市にも菊筋の力が及んでる」と言われたりしたけれども、前も言いましたが、ルーブル宮殿にはもうフランスの王なんかいないのに、ルーブル宮殿の周りには超高層ビルが建たないわけですよ。

工藤　あれは建てちゃいけないんですか。それとも自粛して建てないんですか。

井上　市の建築委員会は認めません。その意味では建てられない。だけど、そもそも建てようという発想自体がないんでしょう。ノートルダム寺院だけですよ、あの辺りでルーブルより高いのは。バッキンガム宮殿の横にも、バッキンガムをしのぐ建物は建ちません。まあ、1キロほど東のウエストミンスター寺院は高いけどね。比べて今の丸の内は超高層ビル街になってるじゃないですか。どこも皇居に対する慮りがない。

工藤 1回タガが外れたら、もうそれで片っ端から高いビルに変えちゃってますからね。

井上 私たちはその意味でヨーロッパに比べると、より強い自由を満喫してるんじゃないかと思います。建築面でのブルジョア革命が、より成功したのは日本だと思います。ブルジョアの欲望に忠実なビルが建ってるんです。

工藤 タワマンが東京は異常に多いですよね。言われてみれば、あれこそブルジョアの欲望に忠実な建造物ですね。でも日本は地震が多いじゃないですか、怖くないんでしょうか。それに最近読んだ記事によると、マンションの高層階に住めば住むほど年寄りはボケるのが早くて、しかも歩けなくなるのも早いという統計があるらしいです。

いくらブルジョアでお金があったとしても、タワマンに住むのは嫌ですね。なんか人間の本来の生理と逆行しているように感じます。

井上 私にも、高さへの渇望はありません。

工藤 皇居周りの高さ制限が外れたのは、2002年に新しい丸ビルができた前後ぐらいですよね。それまでは全部31メートル以下で、それ以上絶対上げちゃダメだって、もう不文律みたいな感じでしたもんね。

井上　でも31メートルというルールは、菊筋の力じゃないんですよ。耐震技術に自信が持てない時代の制限です。より正確には30・3メートルですがね。百尺ですから。

工藤　菊筋はそんな力ないのですね、そもそも。戦後は財産も没収されちゃったし。いまや超高層ビルが大手町、丸の内にいっぱい建って、はっきり言うと皇居の中なんか見放題です。

パレスホテルも建て替えて、かなり見えるようになったと思います。それまでパレスもずっと遠慮してたんですけど、それじゃ商売にならないし、東京オリンピックを当てにして大改装をしたんです。

私は改装後の上層階へは行ったことないですけど、バーからも皇居の周辺とか佇まいとかがよく見えるんです。これは外国人は喜ぶだろうなと思いましたね。まさにブルジョア的なお金儲けのために、変えちゃったところが象徴的です。

「将門の怨霊」に怯える大蔵省官僚

井上　三井物産の本社ビルだったかな。近くに平将門の首塚があって、将門公に背を向けてはいけないということで椅子の配置を決めてるというのは本当ですか。都市伝説ですか。

工藤　あの将門塚は、あの辺のビルの人たちはかなり意識してますね。

井上　将門公に背を向けてはいけないという。言葉をかえるなら、皇居に背を向けるのはやむを得ないということですよね。

工藤　あ、そういうことですか。

井上　皇居に背を向けて屁こいてもええけれども、将門公に対しては失礼だと。私はね、ちょっと考えすぎかもしれへんけど、あえて言います。将門の首塚があれだけ敬われる近来の東京に、尊皇精神は多分ないんだろうなと。

工藤　荒俣宏さんの『帝都物語』でしたっけ、将門の首がどうしたとかって。今も残ってますしね、首塚って。あの小説でさらに有名になったんじゃないかと思うけど（笑）。

井上　あそこには明治時代、大蔵省の庁舎ができたんです。

工藤　そうですか。霞が関になる前ですね。

井上　ところが大蔵大臣や大蔵省の役人が不慮の死を遂げたりして、「この土地はまずい」と言われるようになったんです。

工藤　ああ、不吉なことが続いた。

井上　でもそういう記憶が忘れられて、戦争中に生産力増強ということで各省庁が臨時庁舎を皇居前広場横にどんどん建て始めたんです。臨時庁舎なので木造なんです。そこに雷が落ちて、将門首塚の上に建ってた大蔵省臨時庁舎も丸焼けになるんですよ。

工藤　本当の話なんですね。

井上　本当の話です。落雷があったのは1940年でした。ちょうど、将門の没後1000年にあたる年です。そして、大蔵省は将門の祟りを封じるために儀式をしはったんです。大蔵官僚、東京大学法学部を出た人が、将門の怨霊に怯えたんですね。

この年は皇紀紀元2600年でもありました。神武天皇の即位からそれだけたったとされていたのです。皇居前広場ではこれを寿ぐ式典も催されたんです。首塚と広場は、隣同士です。そのご近所で、逆賊将門の祟りに怯える人たちと、天皇制を寿ぐ人たちがいた。なかなか面白い場所やなと思います。しかも超高層ビルがどんどん建つという点で、菊筋への怯えはなくなってるのに、将門をおもんぱかって椅子の配置は気にする（笑）。

工藤　そっちのほうの怯えは、つながってるんですね（笑）。

井上　天皇より将門なんでしょうか、東京では。

工藤　やっぱり残るものは残るべくして残るんでしょうかね。怖い話ですけど、どこかにロマンがあって、時空を超えて伝わっているところに妙な現実感がありますね。

土地をくすね取る根拠に使われた天皇家のプリンスたち

井上　でも平将門も「平」と名乗ってる以上、血筋は天皇家に行くんです。５代ほど遡ったら彼も王族なんです。

工藤　そうか。将門は関東の豪族だけど、ずっと辿っていくと都につながるわけですね。

井上　彼は関東平野で「自分が新しい王だ」と新皇宣言をした。これを京都の王朝は許さなかったけれど、彼なりに根拠があるんです。

工藤　辿っていくと、自分はその血筋の人間だからと。

井上　５代遡ると言えば、継体天皇も将門とよく似ています。

工藤　そうですね。継体天皇はもともと福井かどこか、別の国の豪族ですよね。

井上　「平」だとか「源」だとかいう人は、辿っていくと天皇のジュニアです。天皇は平安時代のはじめ頃だと、今のサウジアラビアの王様みたいに、大勢プリンスをつくらはるわけですよ。で、多くのプリンスは持て余されるんです。「俺はプリンスだ」というプライドは強いけれども、王朝内に処遇の場がない。そんなプリンスたちを関東平野でお互いに争っていた地方の有力者たちが招き入れるんですよ。

工藤　なるほど、招き入れたわけですね。
井上　そして隣と戦って、土地をくすね取ったりするときに「王のため」だと思える。
工藤　大義名分にする。
井上　イギリスの帝国主義も似ているかな。たとえば昔のオーストラリアには土地の区分けとかをせず、狩猟生活で過ごすアボリジニたちが大勢いました。イギリスからの入植者は彼らを追い出します。追い出したあとに「ここは女王様の土地」とかいう札を立てるんです。じっさいには、自分たちが占有してしまう土地でね。
工藤　土地だけじゃなく、文化遺産とか宝石とかも持って帰っちゃって。今も「返してくれ」と、かつての植民地から訴えられている話がありますね。カナダでも昔、先住民の子供たちが虐殺されたとか、つい最近でも大問題になりました。
井上　自分たちのあくどい仕打ちの言い訳に、女王様とか国王様を使うんですよ。王と海賊は持ちつ持たれつなんやね。
工藤　だからイギリスなんて偉そうなこと言えないところもあります（笑）。
井上　似たようなことが関東平野の「平の何とか」とか「源の何とか」にあったと私は思います。関東平野にいた狩猟採集民は、それで追い出された。追い出す根拠にも使われたんじゃないかな、天皇家のプリンスたちは。

工藤　そういうのは、あとを追うのは無理でしょうね。

井上　どうでしょうね。まあ、多くは私の想像でしかないですけど（笑）。

工藤　でも実際プリンスがいて、それが地方に行って豪族になったりとか、まさにその人を掲げていろんな武士が力を持つというのは、いくらでもあったのですね。

井上　朝廷とか公家とか大寺院に寄付をする地方領主たちは大概、後ろめたいものを抱えてるんですよ。王のためという口実だけではぬぐいきれないやましさをね。

工藤　あ、そうなんですか。

井上　あくどいことをするでしょ。人には言えんようなことをして、誰かの土地をくすねたりするじゃないですか。本気で後ろめたいと思えば、寺に寄進するんですよね。寺はこの悪徳資産を、仏の前でチャラにしてくれるんですよ。けがれも清めてくれる。

工藤　それってマネーロンダリングみたいなものですけど、現代でも税金払うよりはお寺に寄進するとかってありますね。それで良心が保たれているんでしょうかね。宗教って便利なものだと、よく思います。

井上　場合によっては8掛けぐらいで、寄進者のとこへ戻してくれたんじゃないかな。寺は2割ぐらい取って。日本宗教史では、あまり語られないと思いますけれど（笑）。

工藤　はい。私、初めて聞きました。

井上　だってバチカンがあんなになったのも、そのせいですから。

工藤　バチカンだってマフィアとか、そういうのといっぱい結びついてますもんね。

井上　キリスト教は日本よりひどくて、とにかく商売で利子が出ることを神の道にもとると判断してたわけですよ。利子というのは不道徳だと。だから利ザヤを稼いでるユダヤ人は、それで差別を受けるわけです。日本には、商売繁盛の神もいますがね。

工藤　だけどキリスト教の人たちだって……。

井上　だから利ザヤを稼いでるクリスチャンはバチカンから言われるんです、「お前は罪深い」と。「許してください」ということで、これが免罪符につながるんです。

工藤　寄付すれば許されるんですか。じゃあ、よっぽど罪多き人々が宗教の信者になって、のめり込むわけですね。

井上　そうです、免罪符をもらえるんですよ。それでバチカンの立派な宮殿が建った。

工藤　どんどん吸い上げた金でバチカン、あんな贅沢して。

井上　マニ教という宗教があるんですよ。マニ教は殺生、動物殺しにすごくきつい宗教なんです。

工藤　どこの国辺りで流行って？

井上　今残ってるのは中央アジアです。仏教以上に殺生を禁じるんです。でも中央アジアって遊牧民の世界なんです。動物殺しは、彼らの生活そのものでしょう。そこでマニ教の司祭者たちが遊牧で栄えている人たちに言うわけです。「お前たちは罪深いことをしている」と。そして洗脳をするんです。「救われたかったら寄進しろ」と。

工藤　ああ、賢いですね。

井上　ほとんどの宗教は、こうやって成長するんじゃないでしょうか。人間が後ろめたい部分を抱えてくれるから、宗教が成立する。

工藤　それを救うという目的を作って、大きくなっていくんですね。統一教会とか。

後継者選びで楽なのは「規則通り」

井上　家柄や血筋が重きをなすのは、今も続いているでしょう。政治家の家でも3代目4代目とか、けっこういらっしゃいますよね。小泉進次郎氏が立候補したとき、沿道から「4代目!」という掛け声が飛んだと聞きました。多分彼の選挙区でほかの人を候補にすると「なんであいつやねん」と反発する有力者が出てくる。骨肉の争いがはじまる。それは避けたい。誰かが「4代目にしよう」と言ったら、それで落ち着く。ほかの有力者もふくめ、みんな「まあいいんじゃないか」となるんじゃあないですか。

新しい人は、自分の能力を周りへ認めさせるのにすごく手間がかかる。けれども、3代目4代目はそのコストがずいぶん小さくて済みます。血筋を貴ぶのは、ある種、後継者選びのコストカットにつながっている。諍いをさける知恵でもあります。圧倒的な能力の持ち主でなくていい。「とにかく無難にやってくれたらいい」という程度の有力者なんだと思います。もめごとを起こさないための人選ですからね。群を抜くような人材ではなくてもかまわない。

その意味でわれわれは、平和を尊ぶ民族なんでしょう。この言い方は中国や朝鮮の人に、ものすごい嫌われると思うけれど。「どこが平和を尊ぶ民族や」って（笑）。

工藤　誰がトップに立つかを一から本気でやれば、本当に大変ですからね。

井上　革命にしても、大変なコストがかかりますからね。人的損害も含めて。ただ今述べた日本的なやり方には、あまり発展性がないようにも思います。だって、新しい人材が意欲をなくすでしょ。結局、家業を継いだ人だけが、決定権を持つような社会になってしまったら。

工藤　では、これからの皇室はどうすればいいと思いますか。「愛子さまですか、悠仁さまですか」ってよく聞かれますが、「それは争ったり競ったりすることかな」という思いがあるんです。

井上　楽なのは「規則通り」なんです。規則通りやっといたら、「しょうがない。本当はあっちのほうがええと思うけれども、規則でできない」で、事は済みます。

工藤　「男系男子で今まで来たんだから、悠仁さまでいいじゃないですか」ということですね。

井上　でもね、規則通りという世の中は、あんまり魅力がないじゃないですか。

工藤　確かにそうですね。明治維新以降の皇室について言うと、今まではずっと規則通りに運んできたのに、突然、上皇上皇后が退位を言われた。葬式も大変だから、もういい。八瀬童子が天皇の棺を担ぐとか、そういうのはもういいんだと受取れる。

そのように言いだしたときから「規則通り」が狂っちゃったんだと思うんです。するとみんな「じゃあ次の天皇のときはどうするのか」とか「いつ退位するのか」とか。今の天皇さんが退位するとき、秋篠さんはすごい年になっちゃってるから、どっちにしろ無理だろうし。

井上　それこそ後深草と亀山のように、「お兄ちゃんは14年やったから、今度は俺が14年」とか。

工藤　それが今回の場合、上皇上皇后のご意向があるじゃないですか。天皇皇后のご意向もあって、その上に秋篠さんご夫妻。もう三重構造になっちゃってるわけです、後継者に関して言えば。ものすごくややこしい。

天皇は能力や人徳がある人がなるべきか

井上　でも後継者選びはね、昔からよく揉めてますよ。飛鳥時代、奈良時代なんかプリンス殺しまでやってるんですから。中大兄皇子なんかひどいもんですよ。有間皇子は中大兄に怯えてね、狂人を装うんです。自分は無害だと。ほとんど『ハムレット』ですよ。シェイクスピアの数百年先を行っている。

それでも中大兄は有間を殺すんですよ。怖い世の中やわ、ほんまに。それだけ天皇位に魅力があったんでしょうね。

工藤　私も最初はバカにしてたんです、「そんなのどっちでもいいじゃないか」と。愛子さまでも悠仁さまでも、大騒ぎするほどのことじゃないと思ったんだけれど、けっこう本気なんです、みなさんすごく。

井上　そりゃ、興味持ってる人は本気やと思いますよ。

工藤　そこに利害関係も絡んで、周りがけしかける。

井上　そういう人もいらっしゃるでしょうね。

工藤　朝日新聞なんかは「愛子さまで何が悪い」と、すごい旗振りやってるし。それで悠仁さまって、今すごく分が悪くなってるんですよね。かわいそうだと思います。悠仁さまの評価というよりも、秋篠宮家全体に逆風が吹いていて、そこに悠仁さまも巻き込まれている。

井上　でも悠仁さんがやりたいと思ってるかどうか、という問題もありますよね。どっちもいやがったはる可能性だってあると思います。

工藤　それも大事です。でも愛子さまにせよ、悠仁さまにせよ、ご本人の意思は何も伝わってこないし、憶測しかないです。これはなかなかオープンにはならない気がします。先生は、「能力や人徳がある人がなるべき」といった考えには、どう思われますか？

井上　天皇家の場合、「継承することだけが務め」と割り切る立場の人もいるでしょうね。「チャーミングにふるまってもらわなくてもいい」というわけです。多分、保守的な人はそう考えると思います。

特に現代は王家の存続自体が問題になるので、妙な諍いが起こらないほうを彼らは好まはるんじゃないでしょうか。その意味で今の上皇さんに対しては、保守派の不満が強かったんじゃない？　「象徴としての仕事？　そんなややこしいことするな」と。

工藤　そう、「そんなこと言わなくていい」って。今の天皇さんを政務を補佐する摂政宮にすればよかったんです。それだけの話なのに、それを立てない。先生のお話で頭の整理がつきました。ありがとうございます。

井上　いえ、とんでもありません。

工藤　愛子さまの偏差値がいくつだから、天皇にふさわしいという記事があって。

井上　今は国民に支えられる時代になってますからね。特にテレビ以後はね。人民の想いを置いてけぼりにするわけにもいかないんじゃないでしょうか。まあ、偏差値うんぬんに、どれだけ人民が共感をよせるのかは別問題ですが。

工藤　難しいなぁ、そこは。

井上　規則通りが一番穏便ですが、「規則通り」という言い方に多くの人民は釈然としないかもしれません。話を戻しますが、会社で上役に選ばれる人は、必ずしも能力の高い人ではないでしょう。全体の和が期待できそうな人も、選ばれやすいじゃないですか。そのほうが、そのポストを巡って血みどろの争いをされるよりは、穏便に収まるわけです。その年功序列制はそんな観念の賜ですね。でも、この日本的人事は、ゆらぎだしてひさしいわけです。

会社の場合、不満を持つ人には「自分のベンチャービジネスを立ち上げる」という選択肢が残されるじゃないですか。朝廷の場合、その道がないよね。まあ、後醍醐の南朝は、一種の「ベンチャーダイナスティ」かもしれませんが。

工藤　遺恨が残る気もします。それは健全じゃないと思います。

井上　この頃京都でしばしば聞く遺恨はむしろ逆ですね。「お姉ちゃんは、この仕事をあたしにやらせて、自分は逃げた」というほうをよく耳にするんですよ。姉妹や兄弟で家業をゆずりあう、いや押しつけあうケースもあるんです。

工藤　眞子さんが勝手にニューヨーク行っちゃって、佳子さんは押しつけられたという話を聞くけども、確かにそういう面はあるかと思いますね。

井上　お姉ちゃんは好きな道へ行ったのに。

工藤　お姉ちゃんはさっさと逃げちゃったけど、さて佳子さまは逃げられるのかどうか。でもお姉ちゃんに続いて妹も似た感じの人と一緒になったら、まあ皇室の権威は地に落ちますよね。それでいて悠仁さまだけ天皇陛下にするというのは、大変なことですね。

いずれにせよ、皇室内でいろいろ揉めたりしているのは、日本国民にとってはいいことじゃないです。だけど煽るんですよね、女性週刊誌が。以前聞いたんですよ、「なんで毎号、皇室をトップに持ってくるのか」って。「全然売れ行き違うから」って言うんです。皇室は、半分は芸能人のように見られているところもありますしね。もうどうなるのか、分からない。

皇室問題を資本主義に任せてみる

井上　売らんかなということでしょうか。とはいえ資本主義は、やっぱりすごい仕組みだと思います。日文研は外国語で書かれた日本に関する書物をできるかぎり集めてきました。当初はなかなか集まらなかったんですよ。でも、日文研が買い始めると、様子は変わりました。「あそこが買いだしている」ってことで古書価格がどんどん上がりだしたんです。古書価格が上がるとね、古本屋が持ち込んでくるんです。捜しだしたり運んだりする手間をかけても、価格上昇のおかげで、じゅうぶんペイするんですね。つまり権力や当局が号令をかけるより、値段のほうが物を言うんですよ。これが資本主義の力やとかみしめましたね。

工藤　本当にそうですね。慈善事業じゃないですもんね。税金節約のために寄付とかするのはいいですけど、やっぱり資本主義って儲かってなんぼの世界です。

皇室はその意味では、マスコミにとっても立派に商売になる存在だし、富裕層で何不自由ない方たちにとっては園遊会へ招待されるなんて最高の名誉です。経済活動だけで補えない多幸感を保証してくれるのが皇室であり、天皇家だった。それって暗黙のお約束事だったと思うんですけど、少しずつ崩れてきてますね。

井上　いわゆる御進講で皇居へおもむく学者はいます。おそらく、謝金は微々たるものでしょう。交通費だって、どれだけ出るのか、心もとないかぎりです。でも、御進講の先生方は金銭を度外視していらっしゃる。それを誉と感じるから、でかけはるわけです。この心意気も、若い世代にはなくなりだしているのかな。まあ、『狂気と王権』を書いた私に声がかかることは、まずないでしょうけど。

工藤　そういう意味でいうと皇室問題も、いわゆる資本主義的なものに任せて、いろんな人がいろいろ議論しながら決着をつけていくという感じでしょうか。

井上　やむを得ないでしょうね。皇室方面の仕事だけは対価が少なくても務めよと、言いづらくなっているんじゃないでしょうか、今の世は。資本主義の跋扈をくいとめるには、何か余程の理由がないとね。たとえば肝臓が二百何十万円で売れると言われても、これを資本主義に委ねておくのはよくないでしょう。

工藤　倫理の問題として。

井上　社会がいくつか倫理的な歯止めをかけてるんですね。性を売る売春はいけないとか。でも、基本的に資本主義に委ねることで世の中が成り立つ。資本主義がすごいのはね、「資本主義は間違ってる」というカール・マルクスの本が、出版社に利益をもたらすこともある点です。大月出版や青木書店などが資本主義の走狗になるんですよ。本の売り上げという面では。

工藤　そうですよ。青木書店だって、あれですごく儲けた時代がありました。

井上　「資本主義はいけない」という思想までもが資本主義を支えうる。

工藤　岩波だってそうですよね。さんざんそういうので儲けて、ビルつくったりして。

井上　つまり「自分を許せない」という思想まで、自分を膨らます契機にしうるわけです。自己否定を自己成長の材料に変えるのは、多分これしかないと思います。魂を売るのも、よくないとか言いますが、だけど原稿を商品にするのも魂を売ってるよね。今日の対談もね（笑）。まあ、どれだけの売り値になるのかは、分かりませんが。

工藤　今どき魂売らないなんて人、いないんじゃないですか。『清貧の思想』の中野孝次さんだって、「もはやバブルの時代は終わった。私たちは昔に戻って貧しくとも清らかな生活を送ろう」「金にこだわるな」とか言っておいて、本人は大儲けして池つくって、こんな大きい鯉飼ってるって（笑）。それを知っている編集者の人たちは「何が清貧の思想だ。聞いて呆れるわ」とか言って怒ってましたね。

井上　丸儲けして、それを後ろめたいと思ってる人が今は宗教じゃなくチャリティーとかに献金をするわけです。チャリティーも、その意味では資本主義にくみこまれていそうですね。

工藤　お金持ちはすごい熱心ですよね。

井上　だから「銭儲けはあくどい」という考え方があること自体には、意味があると思います。資本家に罪滅ぼしの献金をうながせますからね。

工藤　言葉を換えて言うと「搾取している」という気持ちがある。でも私は、そういうのはちょっと悪くない。貧乏人で来たから「銭儲け、いいじゃないか」とか思う（笑）。

日本人はもともと強い精神を持たない民族

工藤　結局のところ、日本人は皇室をどう考えたらいいのでしょう。私は「皇室は日本の文化」と思って本も何冊か書いてきました。「みんなの皇室」「国民の皇室」「日本の皇室」という思いも強く、自分が意見を発信することで多少皆さんに何か伝わるかなという思いがあったんです。でもこれは壮大なる勘違いなのではないかと、この頃ちょっと思い始めてます。

皇室自体そうです。戦後マッカーサーが日本を占領して、キリスト教の国にしたくて莫大なお金をカトリックの学校に投資した。その結果、聖心とか雙葉とか白百合とかが幅を利かせ、そこで教育を受けた方々が一般のご家庭から妃殿下としてお入りになった。

今までの学習院で来た皇室の方たちとは全く違う家庭で育っておられるから、いくら「それは違うんだ」と言っても理解してもらえない。その一番いい例は、美智子さまがお嫁入りしたときに学習院の常磐会に入りたいとおっしゃったことです。

常磐会は明治天皇のお后が作った会で、学習院の卒業生の女性たちが守ってきたものです。卒業生じゃないのにそのメンバーになりたいというのは本来、考えられない話なんです。いくら将来、皇后になる方でも。

このときの常磐会の人びとの驚きたるや大変なものだったと、私は何人かの方から伺いました。常磐会の会長だった方もかなりショックだったらしく、香淳さまが亡くなられたときの記念に出したムックに、そのことをお書きになっています。

つまり美智子さまの「常磐会に入りたい」は、「女性皇族は学習院のものじゃなくなったのよ。私たち聖心とかいろんなところ、オックスフォードだとかケンブリッジだとかの女性たちが入るのが皇室なのよ」っていうメッセージだと思うんです。

家庭はやはり母親の影響が大きいです。特に子供の教育に関して、母親の力って大きな影響を与えるから、いくら騒いでももう手遅れなのかという思いもあります。

井上　その点に関しては前にも申し上げましたが、今や京都の若い仏教のお坊さんでさえ、デートのクライマックスはクリスマスイブです。結婚式も、概ねチャペルです。

工藤 結婚式まで！

井上 はい。仏式は新婦がいやがるでしょうしね。仏式にこだわれば、嫁はこないかもしれません。奈良の橿原神宮は神武天皇の即位と関わる由緒ある神社です。そんな神社の境内にモダンなチャペルがあるんです。

工藤 どっちでやるんですか。キリスト教で？

井上 キリスト教そのものじゃないですよ。今はホテルも大抵、まがい物の神父を用意してるじゃないですか。ひょっとしたらマッカーサーのおかげで、私たちはそうなったのかもしれない。皇室もそうなったかもしれへん。だけど、それはわが民族がおしなべてそうなってることとの反映でもあるんじゃないでしょうか。

工藤 マッカーサーが民主主義という卵を産みつけて帰ったときに、その卵の中にキリスト教とか、いろんなものが入ってた。それが孵化した結果、従来の皇室と共存するのが難しい社会になったとすると、非常に気が滅入るんですけどもね。

井上 日本に入ってきたものをガチンコのキリスト教やと、あんまり思わなくていいんじゃないでしょうか。バチカンは日本で挙行される疑似チャペルでの結婚式を、どれひとつとして神の秘跡による結婚式と認めていないです。カトリックにとって、あれはただのコスプレです。だから、われわれはキリスト教の信仰を受け入れなかったんです。ただ風俗として、ありがたがるようになった。そこは菊筋も同じじゃないでしょうか。バチカンが日本の皇室を信者として登録したとは、とうてい思えません。

工藤　でも菊筋は菊筋で、結婚式のときにいろんなしきたりがあるじゃないですか。あいうのはやっぱり守ってほしい。それはコスプレじゃなく、精神を受け継ぐと言う意味ですが。

井上　そうですかね。江戸幕府は文久年間ぐらいから外交使節を欧米に出しましたが、もう幕末には多くの使節が洋服になりだしています。やっぱりちょんまげが恥ずかしい。パリを裃で歩くと、野次馬に群がられるんです。これはかなわんと。でもサウジアラビアの外交官は、いまだにアラビア服ですね。

工藤　平気ですよね、堂々と。

井上　だからわれわれは、そういう強い精神を持たない民族なんです。たとえば中国は、日本より先に西洋化をはじめています。中国では洋務運動と言いますが、明治維新より前にはじまっているんです。日清戦争のときは北洋艦隊という東アジア最強の海軍を維持していた。洋務運動の軍事面における成果ですね。まあそれを日本海軍は打ち破ったんですが。

日清戦争の終戦交渉は博多で行われました。日本側は全員洋服で参加をします。一方中国側は民族服なんです。しかも、洋務派の急先鋒たちが、です。つまり彼らは洋務運動を押し進めながら衣服は夷狄のようにしない。民族の伝統を曲げなかったのです。まあ今の人民中国は、もちろん台湾だって、もう曲げてるけどね。その点ではアラビアの人たちが一番こだわってるような気がします。インドも若干こだわってるかな。

工藤 インドもそうですし、モンゴルの人もけっこうモンゴルの服着てますね。

井上 だから日本の宮廷が西洋風になったとしても、それは民族史の反映でもあるんですよ。ただわが民族は、これだけ西洋化しても家の中では靴を脱いでいる。畳がなくフローリングになっても靴を脱いでいる。なのに天皇家は家の中で靴を履いている。そこは民族精神から浮き上がっていると思います。

工藤 私はお掃除専門の家政婦さんがたくさんいたら、家の中で靴を履いていてもいいかなとは思うんです。だってお客さんが靴のまま雨の中を外から歩いて来て、家に入られたら悲惨です。それとずっと下駄を履いていた日本人は西洋人より足の甲が広いので、靴を履いたままだと疲れますよね。

生活が機能的になってほしいと考えたら和服は無理ですが、せめて皇室くらいは十二単の文化を守ってくれたらとも思います。

もう本当、先生のお話伺ってたら、この先がどうなるのか分からなくなりました。歴史を学ぶ意味って、過去を振り返って己の姿を見つめて将来への道筋を考えることと思ってましたが、日本の皇室の歴史はとても複雑ということを学びました。

こうなったら過去を叩き切ってみるのもありと思いますが、それは皇室の終焉でしょう。全く新しいタイプの人たちが「皇族」と呼ばれる時代が来るかもしれません。たとえそうであっても、私はずっとあきらめず「あらまほしき」姿をしつこく発信していきたいです。

おわりに

井上章一

天皇の手相をとらえた写真がある。掌を開いて、いわゆる生命線などが、はっきり読みとれる。手相見が運勢や吉凶を判断しうる写真である。私の見たそれは先々代、つまり昭和天皇のたなごころを被写体としていた。

当人の了解をもらって写したわけではない。カメラには、天皇が気づかない状態でおさめられている。と言っても、法にふれるようなことが行われたわけではない。

シャッターが押されたのは一般参賀の折である。皇居のベランダに皇族一同がつどい、前へ集まった群衆の前で手を振る。あの新年行事にのぞんで、写真は写された。手を振る昭和天皇の、もっぱら掌に超望遠のカメラが狙いをさだめたのである。

一般参賀にのぞむ天皇を撮影する。そのこと自体には、何の問題もない。望遠レンズを持ち込む者も、あの場には大勢いる。テレビも天皇皇后の表情を、毎年収録してきた。のみならず、ニュース番組などで、大きく放映してもいる。宮内庁も、それを咎めてはこなかった。

にもかかわらず、私は昭和天皇の掌がひきのばされた映像で、不意をつかれている。えっ、こんなの撮ってもいいのと、一瞬戸惑った。そして、そうためらう自分にひそむ天皇制の軛(くびき)を、自覚させられている。見る側の天皇に対する潜在意識をあぶりだす、すばらしい写真だと感心した。

撮影者は写真家の大木茂氏である。もう30年以上前のことになる。私は大木氏と1冊の本をまとめ上げた。『ノスタルジック・アイドル二宮金次郎』（新宿書房）がそれである。かつては、全国の小学校が校庭に二宮金次郎の銅像や石像を置いていた。その成立と展開をさぐった本である。

大木氏は、ながらく各地に点在する金次郎像を撮り続けてきた。その映像記録集に、私が解説をそえる形で、この本は出版されている。

手相もうかがえるように、昭和天皇の掌へカメラで肉薄する。この写真も、2人で本を仕上げる作業の合間に、見せてもらえた。意表を突かれ、また面白がる私に、大木氏はこう告げている。でも、これをグラビアページなどでとりあげる雑誌はないのだ、と。

私自身、知遇のあるマスコミ関係者に、その後この話を伝えている。天皇の手相が分かる写真を、掲載する気はないかと、誘いもかけてみた。だが、興味を抱いたメディア人も、たいてい尻込みをする。うちでは出せないよと言うのである。

掌を写した写真が、肖像権を侵害しているとは思えない。顔をクローズアップさせたものより、プライバシーにふみこむ度合いは、小さかろう。そして、天皇の肖像に関しては、どのメディアも自由に紙面で使ってきた。いちいち、宮内庁に使用許可の申請などはしていない。

「肖像権が皇室とか陛下に存在するという意識はないですね」。この本で、私と語り合った工藤美代子さんも、そうきっぱり言っている（198ページ）。皇室取材を続けてきた、その御当人が断言する。写真報道に関するかぎり、菊のタブーはないのだ、と。

私も、対談中の当座は、それで了承した。少なくとも、戦後憲法の制定以後、禁忌はなくなっている。そういう前提で、工藤さんとは対話を進めた次第である。

しかし、脳裏の片隅には、ひっかかる何かが残った。本当に、皇室報道のジャーナリストは写真掲載の自由を勝ち取ったのか。その点に、わだかまりを抱いている。

ただ、疑念の原因に例の掌があることは、なかなか想いおこせない。私の出会ったメディアの人たちが、たいてい掌の発表に二の足をふんでいた。そのことを、ごく最近まで忘れていたのである。まあ、幸い記憶はよみがえり、ここへ書き付けることもできたのだが。

それにしても、繰り返すが、不可解な現象である。顔は写していない。とりあげたのは掌だけである。そして、掌は人体の末端に位置している。肖像権からは、一番遠い部分のひとつに、ほかならない。そんなパーツに、どうして顔面以上のタブー意識がのしかかるのか。

そこからは、手相が読みとれるからだと、言われるかもしれない。確かに、手相から生命運や金銭運、あるいは恋愛運を抽出する専門家はいるだろう。

しかし、それらに合理的な根拠があるとは思えない。当たるも八卦、当たらぬも八卦と、よく言う。あの八卦見と似たような迷信のたぐいである。手相が判明したから、当人の人格が公衆の前にさらされるというわけではない。少なくとも、法廷は手相の漏洩に、権利の侵害めいた瑕疵を認めないだろう。

天皇制は民族的な迷信の上に、なりたっている。だから、迷信が取りざたされること自体を迷惑がる。そこへの配慮が、メディア関係者にはあったということなのかもしれない。工藤さんとは、この問題を語りそびれたなと思っている。

天皇の手相をとらえた写真は、その後どうなったか。後日談を書き添える。多くのメディアがためらったこの写真を、文藝春秋社だけは、前むきに受け止めた。月刊の『文藝春秋』か『週刊文春』か。そのどちらかだったかは、覚えていない。しかし、とにかく、どちらかが、あるいはどちらも掲載へ踏み切った。

念のため、当局からはなんのお咎めもなかったことを、述べておく。

さて、この本は表題で天皇に「お帰りやす」と呼びかけている。この言いまわしは、二重の意味で、私になじめない。

まず、天皇に京都へ戻ってほしいと、私は思ってこなかった。ただ、私は嵯峨で育ち、宇治に住んでいる。洛中で暮らしたことはない。いわゆる京都人とは違う。そんな私に、京都を代表して何かを語る資格はない。天皇の帰還については、京都人へ判断をゆだねよう。私は発言をひかえたほうがいいと思う。

しかし、そこで自粛をしても、まだ違和感は残る。「お帰りやす」は、私が口にする語彙のなかにないからである。

この表現を東京語へ翻訳すれば、「お帰りあそばせ」あたりになろうか。そして、今日の東京に「あそばせ言葉」をふだんから使う人は、ほとんどいないだろう。京都でも、「お帰りやす」と言う人は、もうあまり見かけないような気がする。

料亭や旅館、そして花街へ行けば、今なお使われているかもしれない。「おいでやす」、「おいきやす」と語りかける女将はいると思う。観光用の接待用語としては、生きている。しかし、私のボキャブラリーではない。しっくりこないという想いは、ぬぐいさることができなかった。

だが、版元の、とりわけ営業サイドは、強く「お帰りやす」をすすめてくる。あとがきで反感をぶちまけてもいいから、受け入れてくれという。付言をすれば、その反発自体が面白く読めそうだと、商売気も出しながら。結局、気の弱い私は、首都東京の出版社に押し切られたのだと言うしかない。

天皇に「お帰りやす」と言う。この物言いは、観光客として天皇をあしらっている。私は、そうむりやり受け止めることにした。本気で帰還を歓迎する文句ではないのだと、自分に言いきかせている。この迂回路を心中にもうけることで、なんとか「お帰りやす」とおりあえた。敗者の詭弁だが、あえてひとこと述べそえる。

＜著者略歴＞

井上章一（いのうえ・しょういち）
国際日本文化研究センター所長。1955年、京都府生まれ。京都大学工学部建築学科卒業、同大学院修士課程修了。『つくられた桂離宮神話』（弘文堂）でサントリー学芸賞、『南蛮幻想――ユリシーズ伝説と安土城』（文藝春秋）で芸術選奨文部大臣賞、『京都ぎらい』（朝日新書）で新書大賞2016を受賞。著書に『美人論』（リブロポート）、『狂気と王権』（紀伊國屋書店）、『伊勢神宮　魅惑の日本建築』（講談社）など多数。

工藤美代子（くどう・みよこ）
作家。1950年、東京生まれ。91年、『工藤写真館の昭和』（朝日新聞社）で講談社ノンフィクション賞受賞。著書に『ジミーと呼ばれた日―若き日の明仁天皇』（恒文社２１）、『われ巣鴨に出頭せず―近衛文麿と天皇』（日本経済新聞社）、『母宮貞明皇后とその時代　三笠宮両殿下が語る思い出　』（中央公論新社）、『皇后の真実』（幻冬舎）、『美智子さまその勁き声』（毎日新聞出版）など多数。

〈制作協力〉今井順子

お帰りやす、天皇陛下。

2023年８月１日　　第１刷発行

著　者　井上章一　工藤美代子
発行者　唐津 隆
発行所　株式会社ビジネス社
〒162-0805　東京都新宿区矢来町114番地 神楽坂高橋ビル5F
電話　03(5227)1602　FAX　03(5227)1603
https://www.business-sha.co.jp

〈装幀〉齋藤稔（株式会社ジーラム）
〈本文組版〉株式会社三協美術
〈印刷・製本〉中央精版印刷株式会社
〈編集協力〉町田幸美
〈営業担当〉山口健志
〈編集担当〉中澤直樹

ISBN978-4-8284-2542-9